会話が弾むのは、どっち!?

今すぐ身につく、使えるテクニック33

櫻井 弘
Hiroshi Sakurai
櫻井弘話し方研究所代表

WANIBOOKS

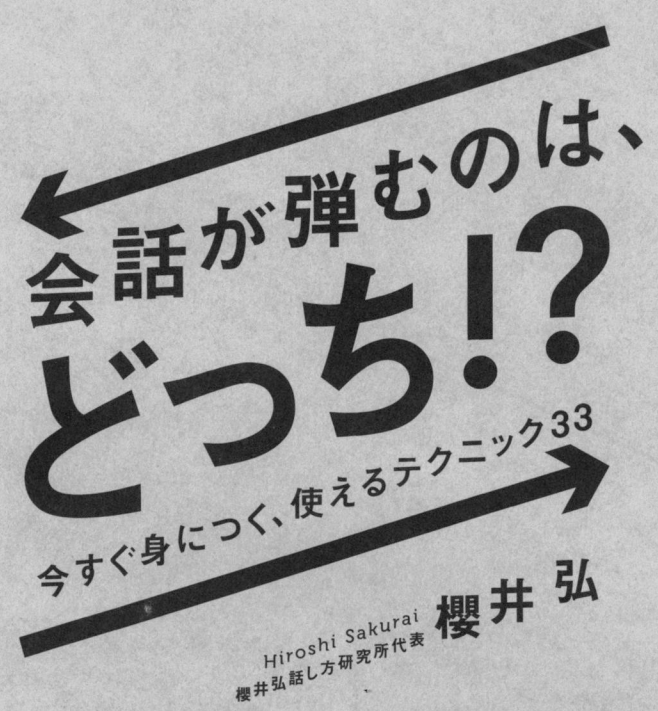

会話が弾むのは、どっち!?

おめでとうございます！

唐突ながらもお祝いの言葉を贈らせていただきます。

商談前の雑談が下手な人。
会話の輪に飛び込めない人。
相手が話に乗ってくれない人。
自分が話しだすとなぜか会話が止まる人。
夫婦間で会話の量が減っている人。
人見知りであがり症の人。
世代の離れた人との会話が苦手な人。
異性との会話で緊張してしまう人。

どれかに当てはまる方、もう悩む必要はありません！

この本を手に取られた方は、自分の会話スキルに不安を持たれている方だと思います。

不安だけならまだしも、中にはコンプレックスになるまで自分を否定し続けて、結果、会話をする機会が減り、なおさら解決策が見えないという人もいるはずです。

「話し方の専門家」として断言します。


会話はだれでも、すぐに上達します！

上達するために必要なのはたった2つ。

①変わろうとする意志！
②少しばかりのノウハウ！

本書を開いている時点で、あなたには変わろうとする意志があります。そして、本書を読み終えたとき、きっとたくさんの実践的なノウハウが身についています。

つまり、会話の苦手意識を克服するまであと一歩のところにいるのです！

会話ってナニモノだ!?

「会話はキャッチボール」「話し上手は聞き上手」

みなさんもこういったフレーズをお聞きになったことがあると思います。

もちろん、本書でも随時取り上げていきますが、そもそも会話とは何物なのでしょう。

そこで本題に入る前に、まずはみなさんが克服したい「会話」の正体を先に知っておくことからはじめることにします。相手の正体が分かってしまえば恐れるものはありませんからね。

会話とは、次の3つの要素で構成されています。すごく単純です。

会話の構成要素

1 **ネタ振り** 話題を提供すること
2 **展開** 話題についての質問など、その話を弾ませること
3 **着地** 話題のまとめをすること

本当にこれだけです。
この3要素を具体的な会話に当てはめると、次のようになります。

ネタ振り　A子「B子、仕事ひと段落した？」
展開と着地　B子「おかげさまで。ヒマだからＬＩＮＥばっかりしてる（笑）」
ネタ振り　A子「昨日のドラマ観た？」
展開　B子「観た、観た！　続きが気になってしょうがないよね」
展開　A子「でしょ！　私、絶対、花子と太郎が寄りを戻すと思う」
展開と着地　B子「分かる、分かる（笑）！」

このような日常会話でも、ネタ振り、展開、着地に分解できるのです。
それでは3つの構成要素を簡単に説明していきましょう。

会話の起点となる「ネタ振り」

ネタ振りとは話題を相手に提供すること。自分がすることもあれば相手がすることもあります。「天気いいですね」、「調子どうですか？」といった何気ない会話も、それぞれ「天気」や「調子」についての話題を提供していることになります。

話題なくして会話なし。だからこそ、会話を弾ませたいなら話題選びが大切になります。

しかし、そうは言っても会話が苦手な人は自分からネタ振りができません。「相手の反応が悪かったらどうしよう」と出し惜しみをしているからか、単に何も思いつかないからです。ネタ振りは会話のきっかけですから、自分からネタ振りができないと会話をする機会自体が減ってしまいます。

もちろん、相手の振ったネタに乗っている（＝展開していく）だけでも会話を弾ませることはできます。その意味で、最初はネタ振りより上手な展開を学ぶことに集中するだけでもいいかもしれませんが、誰からも重宝される会話上手を目指すなら、積極的にネタ振り役に回りたいところです。

本書では、そんなネタ振り上手になるノウハウも分かりやすく解説しています。

聞くチカラがカギを握る「展開」

展開とは、話を弾ませる核心部です。

かに相手が楽しく話せる話題を提供して、いかにその話を引き出せるかにかかっていると言っても過言ではありません。自己主張が求められる場面以外では、自分の話は会話を弾ませるときの「潤滑油」程度で使うだけ。交渉の席のように相手を説得することも、お笑い芸人のように相手を笑わせることも、必須ではないのです。

本書では日常生活でよく直面するシチュエーションでどのような会話をすればより会話が弾むのか、楽しみながら読み進めていただくためにクイズ形式で紹介していきます。普段のご自分の発言や心境に置き替えながら読み進んでみてください。

答えを考えるときの秘訣は「相手の立場になって考えてみること」。

普段何気なくしている会話に、この「相手の立場」という新たな視点を入れることで、紙面の関係上、本書ではカバーができなかった他の日常会話の場面でも、間違いなく応用が利くはずです。

目次

第2章

会話がはずむのはどっち!?「聞き方」編

特定の話題について質問をしたり、興味深いエピソードを語り合ったり、冗談を言ったり、一緒に考えたりして話題を深掘りすることです。または、その話題の中から出てきたキーワードを起点に話をそらしていくのも立派な展開です。

会社の会議と違って、**日常会話には議題もゴールもありません。**むしろ、ジェットコースターのような急展開も会話の醍醐味《だいごみ》のひとつです。

話を展開するときはいかに相手の言葉を拾うかが会話の弾み加減を左右しますので、ある程度の集中力と瞬発力（アドリブ力）、さらに冷静な状況判断力も必要です。

話題を展開させているときは自分のエピソードも交えながら行うことが理想です。しかし、長話は禁物。むしろ、**自分の話をほとんどしないで聞き役に回るだけでも会話は弾みます。**そのため、会話を展開するときに一番重要なのは、**自分の話をすることではなく、いかに相手の話を引き出せるかです。**

一つの話題を話し終えた満足感を演出する「着地」

着地とは会話のまとめにあたる部分です。ビジネスで言うところのクロージングですが、そこまで杓子定規に考える必要はありません。

会話が着地した瞬間とは具体的に言えば、会話の最中に「ふーっ」と一息ついて、お互いコーヒーカップに手が伸びてしまうような軽い沈黙が訪れる瞬間のこと。

実際、日常会話の中で「この話題、話し切ったな」と思える場面はありますよね。実はそのときも、誰かしらが会話を着地させるひとことを言っているはずです。

そして、会話が着地したときこそ、次のネタ振り（話題提供）をする理想的なタイミングでもあります。

自分の話を一方的にするのは会話ではなく独演会

「話すことが上手い人」と「会話上手な人」は必ずしもイコールではありません。なぜなら会話はあくまでも双方向のコミュニケーションだからです。

仕事で行うプレゼンのように一方的に上手く話すことができても（それも重要ですが）、それは「会話」ではなく「独演会」です。普段の会話で独演会は敬遠されます。

会話とは言葉を介した感情のぶつかり合いです。相手に対する思いやりや関心があってはじめてお互い心地よいと思える会話が成立します。

だからこそ会話では相手の話を聞くことが重要になります。会話を弾ませるには、い

第3章

会話がはずむのはどっち!?
「展開ワザ」編

第4章

会話がはずむのはどっち!?
「伝え方」編

第5章
会話がはずむのはどっち!?「達人ワザ」編

第1章

会話がはずむのはどっち!?
「地ならし」編

商談先へ初訪問。お客様は業界老舗の大手企業。
頑張って会話を盛り上げないと。さて、何から話そう……

どっち!?

こちらが当社の自信作である新製品になります！

気になったんですけど、社屋の前にある大きな木は桜ですか？

商談前の雑談で
会話が弾むのは、どっち？
←

会話の地ならし①
世間話の効力

世間話は相手との距離を測る道具でもある

「この一線を越えられると不快だ」と思う心理的な縄張りのことをパーソナルスペースと言い、心が打ち解けていないのに縄張りに入られると人は気分を害します。そのため、**会話では相手との心理的な距離感（親密度）を常に意識しないといけません。**

とくに初対面同士ではお互いのパーソナルスペースが分かりません。人懐っこい人と人見知りの人が出会うと微妙な空気が流れるのは、距離感の認識にズレがあるからです。だからこそ、**初対面同士なら当たり障りのない世間話から会話をはじめて、徐々にその間合い（関係性）を詰めていくことが大事です。**

そこで相手の反応が薄いと、むやみに焦ったり、「私のこと嫌いなのかな」と自己否定に陥ってしまったりするのが会話下手な人の特徴です。そうではなく、反応が薄いなら「もう少し世間話で関係性をほぐさないとな」と冷静に戦略を立てればいいのです。その距離感も、結局は世間話をしてみないことには分からないのですから。

✕ こちらが当社の自信作である新製品になります！

ダメな営業マンほどいきなり本題に入ります。ほかに適当な話題が見つからないのが原因ですね。身に覚えのある方も多いと思います。こう切り出されると「いきなりきたか。強引だな」と思われるのがオチ。商品を欲しているお客様ならともかく、心理的な防御壁を張り巡らせている人に対して「会って！　聞いて！　買って！」と自分の都合を押し付けても心を閉ざされるだけです。

◎ 気になったんですけど、社屋の前にある大きな木は桜ですか？

世間話で選ぶ話題で唯一ある取り決めは「お互いに知っている情報を選ぶこと」。天気やニュースなどが世間話の話題にあがりやすいのはそのためです。

さて、今回のケースでは営業マンがお客様の社屋に入ってくるときに見かけた一本の木に着目しました。展開例としてはこんな感じでしょうか。

営業「あれは桜ですか?」

お客「そうです。創業者が植えたんですけど、社屋建てかえのときにも残しましてね」

営業「それはすごい! たしか御社、今年が創業50周年でしたもんね」

お客「よくご存じで!」

営業「私どもは歴史の浅いベンチャーなので大変刺激になります!」

お客「とんでもない。勢いのある会社さんの方が頼もしくみえますよ(笑)」

営業「恐れ入ります。……で、さっそくなのですが……」

桜の木に関心を持ったこと、そして事前に相手の会社のことを調べていたことで、世間話が弾んでスムーズに本題に入っていくことができました。**当然、お互い知っている情報が多いほど会話のネタが増えます**ので、日頃からネットやテレビでネタ(話題)を収集している人ほど会話を楽に進ませることができます。

世間話のもたらす効果は「親密度の上昇」か「現状維持」しかありません。リスクがないなら積極的に仕掛けないと損です。普段の同僚へのあいさつでも、「おはよう。今日も寒いね」とひとこと足すだけで、確実に親密度が上がりますよ。

ビジネスで使える商談前の質問例

天気や季節について話す

「ずいぶん春めいてきましたね。外回りも気持ちがいいです」

場所について話す

「実はこのあたり、学生時代によく飲みにきていたんですよ」

ニュースについて話す

「最近、○○の話題ばかりですね」

目に入ったものについて話す

「ロビーにあった大きな絵画、誰の作品ですか？」

まとめ

世間話を完璧に使いこなすためには……

1
相手との距離を「詰める」ために使う

2
相手との距離を「測る」ために使う

3
アンテナを広げてネタを増やしておく

4
相手のことを事前に調べておく

結婚式の披露宴に参加。あいにく自分の卓は知らない人ばかりで、友人たちは隣の卓に座っています。披露宴を楽しく過ごすためにはどうすればいいでしょう？

どっち!?

卓の移動ができないか聞く

とりあえず同じ卓の人にあいさつする

披露宴で
会話が弾むのは、どっち？

←

会話の地ならし②

あいさつの「初頭効果」

あいさつするだけで話しかけられやすさ120%アップ！

きつい表現になりますが、あいさつができない人が会話を弾ませることなどありえません。「会話が苦手なんだから、あいさつできないのもしょうがないでしょう」という考えを持っている人がいたら、いますぐその考えを改めてください。

あいさつは「できる、できない」で考えるものでも、「上手い下手」で考えるものでもありません。社会生活を送るマナーとして「必ずするもの」です。ここで言う「社会」とは「自分と関係のある人」のこと。何事にも「自分には関係ない」という冷めた意識の持ち主ほど、あいさつをしません。

✕ 卓の移動ができないか聞く

実はこれ、私の知り合いが実際に経験した話です。

遠い親族が集められた円卓に、友人卓に収まらなかった青年がひとりだけ着席。周囲へのあいさつもなく、むしろ露骨に困惑の表情を浮かべていたそうです。式がはじまる前は終始、体を後ろに向けて隣の卓の友人たちと大声でおしゃべりをし、挙句の果てにはスタッフを呼び止めて「席、替えられない？」と頼んだそうです。

青年の卓に座っていた人たちからすれば最大の侮辱。瞬時に険悪なムードが流れたそうです。結局、席は移動できず、青年は式がはじまったあとも終始ソワソワしながら過ごすはめに。せっかくの楽しい披露宴なのに、なんともったいないことでしょう。

「せめてあいさつくらいしてくれたら、『友だちと離れて大変だね』って話しかけたり、周囲でフォローできたんだけど、あの態度で来られちゃあ、ねえ……」。知人のこの言葉がすべてを表しています。人の第一印象は長く引きずるものなので（**初頭効果**）、あいさつをしなかったというだけで大きな損をしないように気を付けましょう。

◎とりあえず同じ卓の人にあいさつする

共通の知人がいる時点で明らかに「赤の他人」ではありません。ならば、会話が弾むかどうかなど意識せず、ただ、あいさつをするだけです。

「社交的になりたい！」「会話を弾ませたい！」と願うだけでは何も変わりませんが、少し行動を変えるだけで性格も変わってきます。あいさつはそのきっかけとして最適です。

ましてや、あいさつをするのに勇気も技術も要りません。ぎこちない表情でもか細い声でも十分。あいさつをしないより100倍マシです。

同僚やパーティーの参加者、ご近所さんなど、**同じ時間や空間を共有している人同士なら、とりあえずあいさつ。それだけで接点が生まれ、新たな人間関係が構築され、会話に繋がっていきます。**

普段、人から話しかけられないと悩んでいる方。きちんとあいさつをしていますか？

あいさつにまつわる名言

「人に好感を持たれたければ、誰に対してもあいさつをすることだ。あいさつほど簡単でたやすいコミュニケーション方法はない」

デール・カーネギー（『人を動かす』著者）

「勉強もスポーツも大事だが、何より大事なのはあいさつ。あいさつさえしていれば何とかなる」

橋下徹（政治家）

「あいさつとは何か、それは『心を開いて相手に迫る』ということです」

鈴木健二（元NHKアナウンサー）

こんな場面でも
あいさつをしよう！

エレベーターで別フロアの社員さんと乗り合わせるとき

タクシーやバスに乗るとき

マンションの管理人さんやビルの守衛さんとすれ違うとき

先客のいるバーや小料理屋のカウンターに座るとき

よく見かけるご近所さんと通勤途中に遭遇したとき

まとめ

積極的にあいさつするためには……

1

あいさつができない人は会話も弾まないと心得る

2

社会は自分ひとりで成り立っていないと心得る

3

「できる、できない」ではなく「するもの」と心得る近所のバーに初入店。カウンターにはひとりで飲んでいる同世代の人がいます。
話しかけるなら第一声は何がいいでしょうか？

どっち!?

今日も暑いですねー

失礼ですが、このお店にはよく来られるんですか？

バーでの出会い

会話が弾むのは、どっち？

←

会話の地ならし③
ショートカット法

世間話を〝あえて〟省略！→距離がグッと縮まる

初対面の人と会話をするときはあいさつと世間話から入るのが通常のパターンですが、例外もあります。それはすでにお互いを仲間同士だと認識しているときです。

×今日も暑いですねー

会話のきっかけにはなりますが、社交場慣れしている人にとってあまりにありふれた世間話は「話題がないんだな」と思われる可能性があります。

◎失礼ですが、このお店にはよく来られるんですか？

バーでの鉄板テクです。バーは「常連客を中心に回る世界」ですので、最初の話題としては真っ当ですし、それで相手が常連さんのようなら、お店のこと、バーテンダーのこと、客層のことなど、いくらでも話を展開していくことができます。

もし相手もはじめての客だったら、お互い初ということでさらに共通点が見つかることになります。その場合は**「普段はどのあたりで飲まれているんですか？」**という、こちらも外しのない定番の質問に繋げるのがいいでしょう。

仮に魅力的な女性がカウンターに座っていたら、こんな展開もできます。

あなた「失礼ですが、このお店はよく来られるんですか？」

美女「あ、はい。たまに顔出します……」

あなた「そうですか。今日はじめて来たんですけど、以前から気になってましてね」

美女「そうなんですね！　いいお店だからぜひ通ってくださいよ」

あなた「こんなに綺麗な女性がいるお店なら毎日通いますよ」

美女「うまいんだから、もー（笑）」

あなた「いやいや。あ、ごあいさつ遅れました。櫻井と申します」

少し盛り上がったなと思ったタイミングで、ちゃんと自己紹介しておくことも重要です。それでさらにもう一歩関係が近づくからです。

人は共通点の多い人に自然と好意を持つ傾向があります（類似性による好意）。今回のケースでは「同世代」の「お酒好き」な人が「同じ時間」に「同じバーで飲んでいる」という共通点があるので、すでに仲間のようなもの。一気に距離を詰められる可能性が高いわけです。他人とすぐに打ち解けられる人は総じて、「今ならいける！」と思ったときの瞬発力に長けています。

この**「ショートカット法」**を使うとき、大切なことが2点あります。

ひとつは、**事前に軽くあいさつをしておくこと。**もうひとつは、**声かけのタイミングを遅らせないこと**です。あいさつは席に着くとき、声かけはお酒が出てきてひと口つけたくらいのタイミングが理想的。あいさつをしない、またはなかなか声をかけないと、互いに「あなたに興味がありません」というオーラを出しかねないからです。

一流バーのマスターが、かつて新人のバーテンダーにこんなことを言っていました。

「カウンターの隅で構うなオーラを出しているお客さんを放置するのは誰でもできる。でも、バーに来ている時点で絶対に誰かと話がしたいんだ。だから反応が薄くたって声をかけてあげるのがやさしさだよ」

接客のプロらしい、本質を突いたお言葉でした。

シーン別にみる
会話が弾む第一声！

合コンにて

「いつもどのへんで遊んでいるの？」

交流会・勉強会・セミナーにて

「この会にはよく参加されているんですか？」

試験会場・試合会場にて

「いやー、緊張しますねー」

コンサート・イベント会場にて

「〇〇って最高ですよね！」

まとめ

初対面で関係性をグッと縮めるには……

1
明らかな共通点がある場合は世間話を省略する
（ただし、極度に慣れ慣れしくしない範囲で）

2
事前のあいさつを忘れずに

3
声かけのタイミングはできるだけ早く！

いつもお世話になっているクライアントを接待する席。仕事の話をひと通りしていたら、会話のネタが尽きてしまいました。さて、次はどんな話題を振ればいいでしょう？

どっち!?

あいかわらずお忙しいですか？

息子さんもう小学生でしたっけ？

接待にて

会話が弾むのは、どっち？

←

会話の地ならし④

トリガー法

相手が話したい話題を自然にお膳立てしよう

自分の話をしているとき、人は気持ちがいいものです。だからこそ、「相手が話したいと思うこと」をネタ振りするだけで、相手からの言葉をどんどん引き出せます。会話が苦手な人でもすぐに実践できる超定番テクニックです。相手が話しだしたら大きなリアクションで相手の気持ちをさらに乗せることも忘れずに。

✕あいかわらずお忙しいですか？

サラリーマンにとってはもはや口グセのようなこのセリフ。間を持たせるために使われることが多いですが、基本的にこのネタ振りからはマイナスの話題（仕事への愚痴）に発展する可能性が高いので、よほど話すことがない限り使わない方が賢明です。

第一、接待の席はお互い仕事の延長ですので、相手に「この接待がなかったら今ごろ家でのんびりしてるよ」と思われたら最悪です……。

◎息子さんもう小学生でしたっけ？

だれしも親バカですので子ども話は手堅いネタ振りです。しかも、相手にとって大切な家族にまで興味を持っていることが伝わるので、あなたへの好感度も上がります。**とくに子どもネタは、年齢を一度聞き出してしまえば毎年使える便利な話題でもあります。**ただし、お子さんが思春期の場合、受験や反抗期などデリケートな話題に触れることもありますのでいきなり深入りしないように注意。軽くネタ振りをして相手の反応が悪かったら（あまり多くを語ってくれないなら）、話題を変えましょう。

相手を話す気にさせるこのテクニックは、相手の情報を入手していることが前提になります。優秀な営業マンなどは、取引先の仲のいい人からその会社で決裁権を握っている幹部の情報を聞き出すといった涙ぐましい努力をしています（たとえば、そこで幹部が外国の高級車を買った情報をつかんだとしたら、そのことを直接触れるのではなく、さりげなく車の話題を振るといった上級テクニックもあります）。

普段の会話でそこまで詮索する必要はないでしょうが、何気ない会話の中で得た相手の情報を「記憶」する習慣をつけておくだけで、対人関係はかなり変わります。「この人と良好な関係を築きたい」と思ったら、家族構成、趣味、出身地、出身大学など、一度聞いた話はスマホなどにメモをしておきましょう。相手の話したことを覚えておく行為は、最大の敬意であり、関心があることを示す強力な手段になります。

会話が苦手な人は総じて自分のことしか関心がなく、相手のことなど気にしません。一方、会話が弾む人は常に相手のことに関心を持ち、喜ばせようと考えています。

行きつくところはこの差です。

会話とは〝言葉〟に〝心〟を乗せて〝行動〟する、3つの「コ」で成り立っています。いくら言葉を発していても、相手を思いやる〝心〟がないと良い会話とは言えません。

会話の基本は3つの「コ」！
(コトバ＋ココロ)×コウドウ＝会話

相手がつい話したくなるキラークエスチョン例

ひいきにしているものについて

「最近、ジャイアンツ絶好調ですね。去年との違いはなんですかね？」

大切にしているものについて

「無事にお子さんお産まれになったそうで！　写メとかないんですか？」

偉業について

「ホールインワンされたそうですね！　どんな場面だったんですか？」

こだわりについて

「磯釣りに関しては名人級だと伺いましたが、小さい頃から釣りがお好きで？」

まとめ

相手から話を引き出すためには……

1
相手が話したいと思う話題を振る

2
日頃から相手の情報をストックしておく

3
大きな相づちを入れて
相手をさらに乗せる

初対面の相手が無口で、会話を弾ませる糸口がなかなか見つからない……。
この状況を打開するにはどうしたらいいでしょう？

どっち!?

共通点が見つかるまで質問をし続ける

「自分話（エピソード）」を小出しにする

初対面の無口な相手と会話が弾むのは、どっち？
←

会話の地ならし⑤
「撒き餌」法

自分のエピソード話で相手の話を誘発しよう

会話の糸口が見つからないなら、自分から仕掛けるのもひとつの手です。相手が乗ってくるまで自分の話を撒き餌のように小出しにすると、うまくいきます。

✕ 共通点が見つかるまで質問をし続ける

質問をされ続けると相手も窮屈な気分になり、プレッシャーに感じる人もいます。

◎「自分話（エピソード）」を小出しにする

自分話を選ぶ基準は3つ。「自慢話ではない内容」、「簡潔に話せる内容」、そして「相手も似たような経験をしていると思われる内容」です。

無口な相手の会話を誘発する例

あなた「最近、かみさんが痩せろ痩せろってうるさいんですよ」

相手「**そうですか。私の家内も――**」

↓

誘発成功!

あなた「以前、アメリカの業者と仕事したときなんて大変でしたよ」

相手「**わかります。私はアジア専門ですが、この前も――**」

↓

誘発成功!

あなた「このポーチなんてスーパーの特売ですからね(笑)」

相手「**あら。実は私なんて――**」

↓

誘発成功!

あなた「小学生のときよく駄菓子屋で買っていましたよ、これ」

相手「**懐かしいですよね。私は――**」

↓

誘発成功!

まとめ

会話の糸口が見つからないときは……

1
自分話を小出しにする

2
自慢話や長話はせず、なるべく共通点のありそうな話題を選ぶ

3
相手が食いついたら主導権を譲る

自治会の会合にて花見の話題で盛り上がっています。
あなたはその輪に入る勇気がありません。あなたの心境はどちらでしょう？

どっち!?

また無視されてる……

たしかに花見、
楽しみだよなー

会合にて

会話が弾むのは、どっち？
←

会話の地ならし⑥
話しかけられ顔

「話しかけづらいオーラ」は相手をどんどん遠ざけます

大勢の人が集まる会話の輪に入っていけないと悩む人は多くいます。その輪に萎縮して気が滅入っている人が大半ですが、人が増えると会話への興味自体がなくなる人もいます（こちらは自分の話を聴いてもらいたいオレオレタイプの人に多いです）。

いずれにせよ、会話の輪に入ることを拒む人はその気持ちが態度として表れてしまうので、周囲が声をかけづらい状況になっていることがほとんどです。

✕ また無視されてる……

「一人だけのけ者にされている」と落ち込むタイプの人は、**本人が思っている以上にその感情は表情に表れるものです。**マイナスの感情は周囲に伝播《でんぱ》し、人は本能的にそういった人たちを避けようとします。そこで話しかけてくれるのは「構ってちゃんキャラ」

を理解している親友くらいでしょう。

キャビンアテンダントや飲食業など、接客のプロになれば会話が苦手そうな人は初見で判断できるそうです。そのいくつかの例を52ページに書き出してみましたが、実際はこれらの特徴が組み合わさっていかにも「話しかけづらいオーラ」を放っているそうなので注意してください。

◎たしかに花見、楽しみだよなー

話しかけられ上手な人は、いつも穏やかな表情で、ハキハキしゃべり、姿勢もよくて、目配りのできる人です。と言いつつも、ここまでの完璧さを求める必要はありません。

話しかけられ上手への第一歩は「笑顔」です。

楽しいことを考えていれば自然と表情や仕草も軽やかになり、周囲を明るくします。そんな人こそ、人は会話をしたいと思います。だからこそ、最初は笑顔を意識してみてください。

人は明るい気分のときだけ笑顔になるものだと思い込んでいますが、意識的に笑顔を作ることで明るい気分になれます（脳内にセロトニンが分泌され、気持ちが落ち着くという作用があるからです）。

最初のうちは作り笑いでも構いません。

「あ、今の自分、暗い表情をしているかも」と自覚したら、騙されたと思って少し口角を上げてみてください。

会話上手は笑顔上手！「話しかけられ顔」を作ってみよう

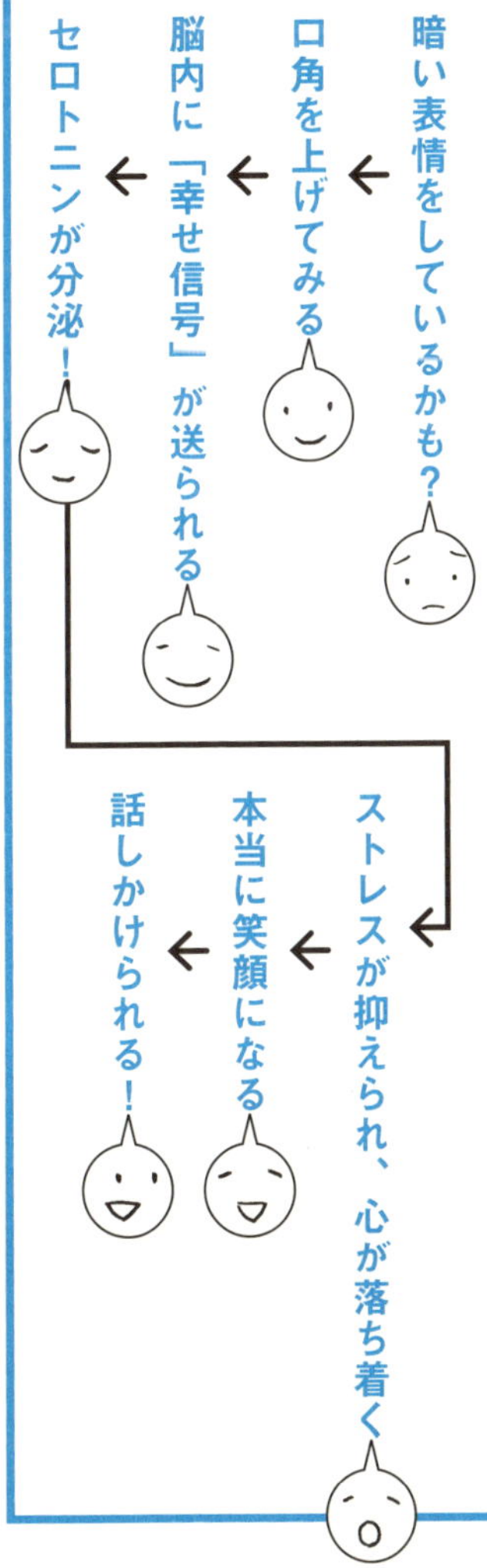
暗い表情をしているかも？
口角を上げてみる
脳内に「幸せ信号」が送られる
セロトニンが分泌！
ストレスが抑えられ、心が落ち着く
本当に笑顔になる
話しかけられる！

話しかけられ上手な人と話しかけられ下手な人の例

上手 会話の流れに集中している人／下手 スマホをいじっている人

上手 穏やかで明るい表情の人／下手 イライラしている人・暗い表情の人

上手 はっきりした声で話す人／下手 聞き取れないか細い声で話す人

上手 堂々として落ち着きのある人／下手 オドオドしている人

上手 会話の流れで感情表現をする人／下手 表情を変えない人

上手 アイ・コンタクトが取れる人／下手 下ばかり向いている人

まとめ

話しかけられ上手になるためには……

1
笑顔を絶やさない

2
自分の世界にこもらず周囲の会話に興味を持つ

3
ハキハキしゃべる

4
積極的にアイ・コンタクトをする

取引先の担当者とはじめての会食。ただ、お互いあまりおしゃべりではありません。
相手の心を開きたいなら、どのような会話の進め方がいいでしょう？

どっち!?

自分の失敗談を話す

相手の失敗談を聞く

はじめての会食

会話が弾むのは、どっち？

←

会話の地ならし⑦

自己開示

プライベートを小出しにして相手の心のカギを開ける

自分の内に秘めているものやプライベートなことを相手に開示して親密さをアピールすることで、相手の心を開いていく方法を「自己開示」と言います。

先ほどは自分の話を小出しにすることで相手の話を引き出す方法をお伝えしましたが、こちらは話を引き出すと同時に相手の心を開くことに重きを置いています。

◎自分の失敗談を話す

表面的な付き合いの人にはあまり話さないような自分の経験、弱み、考え方、趣味嗜《し》好《こう》などを早い段階で開示することによって、「自分はここまで親密になりたいんですよ」という意思表示ができます。

そうすることで相手の信頼を勝ち取るだけではなく、自己開示をしてくれたことに対する感謝の気持ちも生まれるので（**返報性の原理**）、その結果、会話も弾みやすくなります。とくに接待のような硬い席をほぐしていくには欠かせないテクニックです。

もちろん、相手の信用を失うようなことは言わない方が賢明ですし、いきなり自分のすべてをさらけ出す必要もありません。相手の心の開き具合を確かめながら、少しずつ開示していくのがコツです。

「心の防護壁」は幾層かに分かれています。初対面の相手から見ると、このような順番です。

外側
・完全にオープンにしていること（仕事の話など）
＜
・知人にオープンにしていること（趣味の話など）
＜
・友人にオープンにしていること（思い出話など）
＜
・家族や親友にオープンにしていること（悩みなど）
内側
・誰にもオープンにしていないこと（トラウマなど）

この防護壁を崩して少しずつ内側に入っていくことが、すなわち親密な関係になっていくということです。恋愛でも全く同じですよね。会話の内容によって相手の自己開示のレベルを察することで「もしかして私のことが好きなのかな」などと判断できるものです（男性は勘違いすることも多いですが……）。

自己開示は会話術の王道テクニックですが、いわゆる、**いい恰好しいな人、他人の評価ばかり気にする人、プライドが高い人などは、素の自分を見せることを躊躇《ちゅうちょ》します。**

とくに自分がコンプレックスにしていることに関しての防護壁があまりに大きく、それが会話を阻害している場面もよくあります。

自己開示はあくまでもＴＰＯに合わせて行うべきですし、コンプレックスを開示するとなると勇気も必要になりますが、会話を弾ませることを目指すなら自分の仮面をはいでみることをおすすめします。

✕ 相手の失敗談を聞く

自分が心を開いていないのに相手のプライベートな領域に踏み込むのはフェアではありません。

仮に自分が心を開いているとしても、それが相手に伝わっていないと意味がないわけですから、お互いに自己開示をしていくならまずは自分から。これが基本です。

自己開示で相手の心がパッと開く会話例

友人との会話

「内緒にしてほしいんだけど、最近、気になる子ができちゃって」

ビジネスシーンでの雑談中

「良いお花ですね。何を隠そう、生け花に目がなくて……」

お見合いの席で

「私、人見知りなので、うまく話せなかったらごめんなさい」

病院にてお医者さんに

「実はこんなに大きな図体して注射大嫌いなんです」

まとめ

相手の心の壁を取りのぞくには……

1

先に自己開示をして、相手の自己開示を待つ
（普段言わない自分の経験、弱み、考え方、趣味嗜好を話す）

2

その際、相手の信用を失わないよう
TPOに合わせる

3

相手の反応を見ながら
開示するレベルを少しずつ高める

COLUMN 1

男女の会話のメカニズム

女性は感情、男性は論理

異性との会話がうまくいかないと悩む方は多いはずです。

それもそのはず、男女によって会話のメカニズムは異なります。ひとことで言えば、男性は論理的かつ結論重視。問題があれば原因を究明して解決に至ろうとしますし、話に論理的な整合性が見られないと素直に受け入れることができません。

またプライドが高いので能力や肩書をほめられると弱い傾向があります。

一方の女性は感情的でプロセス重視。自分の気持ちを伝えることができれば心が満たされるので、話を聞いて理解と共感を示してあげることがポイントです。また、プロセス重視なので結果よりも行為（頑張っていることなど）をほめられた方がうれしくなります。

女性同士の会話は男性からすれば「どうでもいいことを言い合っているだけ」のように思えますし、男性同士の会話は女性からすれば「なんで話を仕切ろうとするのかな」と思うでしょう。でも、それが価値観の差。

価値観の差は「埋める」のではなく、「認める」ことが重要です。

こうした歩み寄りの姿勢がスムーズな会話と対人関係を生みます。

第2章

会話がはずむのはどっち!?「聞き方」編

日頃から目をかけている地元の後輩がまた転職をしたそうです。
聞きたいことが山ほどあります。どのような質問が適切でしょうか？

どっち!?

また辞めたの？
何がしたいの？

おめでとう。
次は何をするの？

後輩と
会話が弾むのは、どっち？

上手な聞き方①
スリーステップ法

「聞き出すこと」と「訊問」の違いが落とし穴

人から情報を引き出すことで会話は弾んでいきやすくなるわけですが、そうかと言って返答に困るようなことや踏み込まれたくないことをどんどん質問すると、相手は責められている気分になってしまいます。

✕ また辞めたの？ 何がしたいの？

相手のことを心配する気持ちは大切です。しかし、いきなり繊細な部分を根掘り葉掘り聞き出すことは通常、いい結果を生みません。

以前、ある会合の席で若いビジネスパーソンに出会いました。清潔感のある服装で表情も明るく、素直に好感を持てたのですが、印象が良かったのはあいさつのときだけ。いざ話が始まると、私の仕事についてとても詳しく聞いてくるのです。最初のうちは後学のために聞いているのだなと思い、一生懸命回答していましたが、だんだんと質問がエスカレートしてきて「いまのビジネスモデルでいいのか？」とコンサルタントまがいのことまで言われ、私もギブアップ。タイミングを見計らって彼とは離れました。

相手から情報を引き出そうとするあまり訊問口調になっている人を多く見かけます。「昨日はどこで、誰と飲んできたの？　なんで午前様だったの？」といった奥さんからのリアル訊問もあれば、会話の流れで軽く自分の意見を言っただけなのに「なんでそう思うの？」といちいち聞いてくるような人もいます。

いずれも、質問される側としては良い気持ちはしません。

会話でのコミュニケーションは「聴く」「訊く」「振る（伝える）」の3つのステップに分解されます。

最初の「聴く」は信頼を築くことが目的。そのため、相手の話に耳を傾けます。次の「訊く」は相互理解を深めるため。このときは多少込み入った質問でも尋ねます。最後の「振る（伝える）」は行動促進のため。自分の考えを相手に伝えるのは最後です。

いきなり訊問口調になってしまう人は、相手の話をじっくり「聴く」第1ステップを省略して、「訊く」や「振る（伝える）」へと先走っているケースだと言えます。信頼構築なしに実りある弾む会話など望みようがありません。
会話上手は聞き上手。この聞き上手とは「聴き上手」のことを指すのです。

◎おめでとう。次は何をするの？

今のご時世、転職をするのもそう簡単ではないはずなので、とりあえずグッドニュースということで祝福の言葉を贈り、未来についての前向きな話を語ってもらうようなネタ振りをするのがこの場合はいいでしょう。仮に「そろそろ落ち着けば」とアドバイスをしたいのであっても、一応相手の言い分を先に聞いてからにしましょう。

コミュニケーションの3ステップ

ステップ❶「聴く」 信頼構築
↑相手に関心を持っていることを伝え、距離を縮める

ステップ❷「訊く」 相互理解
↑相手のことをさらに知るために質問をしていく

ステップ❸「振る（伝える）」 行動促進
↑自分のことを相手に分かってもらう

「詰問調」にしない
シーン別会話例

よく遅刻をしてくる部下に対して

×「昨日も飲み会か？　なんで自己管理ができないんだ？　仕事なめてるのか？」

○「体調でも悪いのか？　お前に憧れている新人も多いから自覚を持った方がいいぞ」

いたずらばかりする子どもに対して

×「なんど言ったら分かるの！　なんでお母さんの言うこと聞かないの！」

○「○○君がこんなことされたら、悲しくないのかな？」

まとめ

会話を弾ませる「質問」をするには……

1
自分の意見を言う前に、相手の話を「聴く」

2
根掘り葉掘りなんでも聞かない

3
相手が責められている気分になるような質問をしない

4
矢継ぎ早に質問しない

会社の先輩が「今度、彼と海にドライブに行くんだ」と楽しげに語ってきました。
どのような返しが効果的でしょう？

どっち!?

いつですか？　どこですか？
彼氏さん
何してる人ですか？

どこに行くか
決めてるんですか？

会社の先輩と
会話が弾むのは、どっち？
←

上手な聞き方②
ネタ候補「短期記憶法」

会話はひとネタに魂を込める！ネタ候補は短期記憶にストック

会話を弾ませるには、相手の言ったことの中から自分が興味を持った、または相手がもっと話したそうなキーワードを拾い、それを糸口として展開するのが基本です。

✕ いつですか？ どこですか？ 彼氏さん何してる人ですか？

一気に3つも4つも質問をされても相手は対応できず話す気が失せてしまいます。聞きたい気持ちをグッとこらえて、ひとつずつ質問しましょう。

◎ どこに行くか決めてるんですか？

日常会話はもとより、インタビューや質疑応答の場面でも、基本は一問ずつ質問すること。相手が話しやすいように会話を振ることも、会話を弾ませるのが上手な人の特徴です。その方が相手もスマートに回答できますし、会話のリズムも生まれます。

それに相手の言葉を機に自分のエピソードも湧いてくるはずです。このように、会話のネタがどんどん増えて困るくらいが理想的な形。それらの中からとっておきのひとつを投げ返すのが一ネタ入魂の会話術です。そして、**使わなかったネタは「予備軍」としていったん短期記憶にストックしておきましょう。**

そのとき、言語として記憶するのではなく「イメージ（画像）」として記憶すること。たとえば彼氏について聞きたいならイケメンの顔を思い浮かべる。いつ行くのか聞きたいならカレンダーを思い浮かべる、といった具合です。暗記作業に意識を取られ過ぎると本末転倒なので「あとで覚えていたら聞こう」くらいの軽い気持ちで構いません。

このように、**ネタ予備軍を随時補充していけば話題に困ることはなくなります。**

ただ、会話は生き物なので話題が大きく変わるときがあります。新しい話題で盛り上がっているようなら、ストックしていたネタ予備軍は潔く捨てる勇気も必要です。

1対1であれば話を戻しても問題にはなりませんが、複数人で会話をしているときに話題を引き戻そうとすると「ひとりよがり」だと思われてしまいますのでご注意を。

先輩「先週末、久しぶりに遊園地に行ったんだけど、
たまに童心に返るのもいいものだね」

後輩「へー、いいですね。ご家族で行かれたんですか？」

←

思いついたが使わなかったネタをイメージ（画像）で記憶

「どこの遊園地に行ったんだ？」
（遊園地のイメージ）

「俺、昔遊園地で迷子になった記憶があるな」
（自分の幼少期のイメージ）

「どのアトラクションが良かったんだろう」
（アトラクションのイメージ）

← これらを**短期記憶**にストック！

「一ネタ入魂」の会話例

相手「私の彼女、ＭＢＡ持ってるんですよ」

自分「へー、いまどんな仕事してるの？」

●ネタ予備軍：彼女の年齢／ＭＢＡって何／彼女の職歴、など

相手「昨日、ゲームに3万円も課金したけど、めっちゃ後悔した！」

自分「3万円！　よほどはまるゲームなんだね」

●ネタ予備軍：今まで使った総額／課金するメリットは、など

相手「駅前のイタリアンのランチにはじめて行ったけど、良かったわよ」

自分「ほー、いいね。何食べたの？」

●ネタ予備軍：味とコスパの評価／自分は毎日３００円弁当なのに、など

まとめ

テンポよく会話を弾ませるには……

1
一度にひとつ以上のネタを振らない

2
使わなかったネタは、予備軍として短期記憶にストック

3
話題が大きく変わったらネタ予備軍はいったん捨てる

普段、会話するチャンスがない社長からごはんに誘われました。
どのような態度（姿勢）で会話をすればいいでしょう？

どっち!?

リラックスして聞く

前のめりで聞く

社長との
会話が弾むのは、どっち？

←

上手な聞き方③
ノンバーバルコミュニケーション

姿勢、仕草、表情だけで会話は弾ませられます！

言葉以外で相手に伝わる印象やメッセージのことをノンバーバルコミュニケーション（以下、NVC）と言います。聞き手に回るときは言葉をあまり必要としませんが、その分、自分の姿勢や仕草、表情に意識を向けましょう。少し大げさなくらい全力でやる方が相手に気持ちが伝わり、会話が弾みやすくなります。

✕ リラックスして聞く

同世代であればリラックスすることも重要ですが今回は社長が相手です。目上の人の前でリラックスするのはよほどの大物か、何も考えていない人かのどちらか。リラックスしているわりに何も話さないのであれば、後者だと思われても仕方ありません。

◎前のめりで聞く

話を聞き逃すまいという気持ちが姿勢に表れたもので傾聴するときの基本姿勢でもあります。**「フリ」でも構わないので社長の口からアドバイスめいた言葉が出てきたら、すぐに前のめりになりましょう。**さらにメモを取れば社長の話は止まらないはずです。

NVCは対面でコミュニケーションをするときに決しておろそかにしてはいけない要素です。事実、私も多くの自称「会話下手」な人たちと会ってきましたが、目を合わせない人や体がよそを向いてしまっている人など、第一印象は「なるほどな……」と思わざるをえない態度や表情をしている人が多くいらっしゃいました。

次のページに会話が弾む人と弾まない人の特徴的な態度や仕草についてまとめましたので参考にしてみてください。

とくにクセで腕組みをしてしまう人は要注意。相手との間に大きな壁を作っているようなものです。もし腕を組んでいる自分に気付いたら、試しに腕組みをといて手をテーブルの上に載せてみてください。自然と前傾になれて手振りも使えるので効果的ですよ。

会話が弾むかどうかは言葉を発する前から決まっている！

×会話が弾まない人

腕を組む
手で何かをいじっている
椅子に深く座っている
よそ見ばかりしている
話に飽きると貧乏ゆすりをする
感情を顔に出さない（眉毛が動かない）
口が閉じている
まばたきが多い
足先が相手を向いていない

←

会話への関心度が伝わらない！

○会話が弾む人

テーブルに手を置いている
手振りを使った感情表現ができる
前のめりになる
適度に相手の目や鼻周辺をみる（凝視はしない）
話に飽きないので貧乏ゆすりをしない
感情を顔に出す（眉毛がよく動く）
口が少し開いている
まばたきが少ない
足先が相手を向いている

←

会話への関心度が伝わる！

言葉を使わず会話を弾ませるNVCの例

相手が真剣な話をしているとき↓
相手の目を見る

相手が面白い話をしたとき↓
手振りを交えてオーバー気味に笑う

相手が足を組んだとき↓
自分も足を組む（ミラーリング）

相手が痛々しい話をしているとき↓
自分も顔を大きくしかめる

相手の悩みを聞いているとき↓
体を近づけてゆっくりうなずく

まとめ

会話を弾ませる仕草とは……

1 前傾姿勢

2 身振り手振りを交える

3 適度なアイ・コンタクト

4 体を相手に向ける

5 うなずき

暗い表情をした後輩が「会社をやめたい」と相談してきました。
どのような態度で話をした方がいいでしょう？

どっち!?

気合を注入する！

悩みを聞いてあげる

悩み相談で 会話が弾むのは、どっち？ ←

上手な聞き方④

傾聴法

悩み相談に乗るコツは1に「傾聴」、2に「解決」

人から悩み相談をされたり、愚痴を聞かされる場面はよくあると思います。そんなとき、どんな言葉をかけていいのか戸惑う人もいるかと思いますが、基本的には相手の話を（優しい気持ちで）聞いてあげる（＝傾聴する）だけで充分です。それだけで相手の気分が和らぎ、リラックスしてどんどん話すことができるようになります。

× 気合を注入する！

かわいい後輩を励ましてあげたいという気持ちは理解できますし、ときに人を鼓舞することも大切です。しかし、後輩がわざわざ相談しにきている以上、まずは話を聞いてあげることが先決でしょう。**いきなり「お前は甘いよ」「それは違うだろ」と説教に入っても、相手は「そんなことを聞きたいのではない！」と反発するでしょう。**

自分の言い分を伝えたり、解決策を一緒に模索したりするのは話を聞いてからでＯＫ。第一、前向きな姿勢は人から強制されるものではなく、本人がそれに気付かないと効果がありません。経験談などを踏まえて後輩自ら気付いてもらうように仕向けましょう。

◎悩みを聞いてあげる

「親身になる」。この「親」という字は、「木の上に立って見る」と書きます。悩みを聞くときに最も意識したいのは、相手を見守り、相手の感情に寄り添ってあげることです。

後輩「先輩、私もうダメです」

先輩「どうした、暗い顔して」

後輩「なんかやる気が出なくて。仕事やめたいなと」

先輩「それは大変だねぇ……」

後輩「そうなんですよ。いくらやっても上手くいかないし……」

先輩「私も昔は悩んだな」

後輩「そうなんですか？」

先輩「しかも私はあなたより入社も遅かったから大変だったよ。先輩にはいじられるし」

後輩「でも、やめなかったんですか？」

先輩「毎日思ってたよ（笑）。でも、結果だけじゃないって言い聞かせてやってきたら、ある日、急に視界が変わってさ……」

この一連の会話で大事なポイントは、後輩の「やめたい」というひとことに過剰に反応することなく「大変だね」という温かい言葉をかけてあげたことです。「この人は話を聞いてくれる人だ」という安心感を与えることが何より大切なのです。

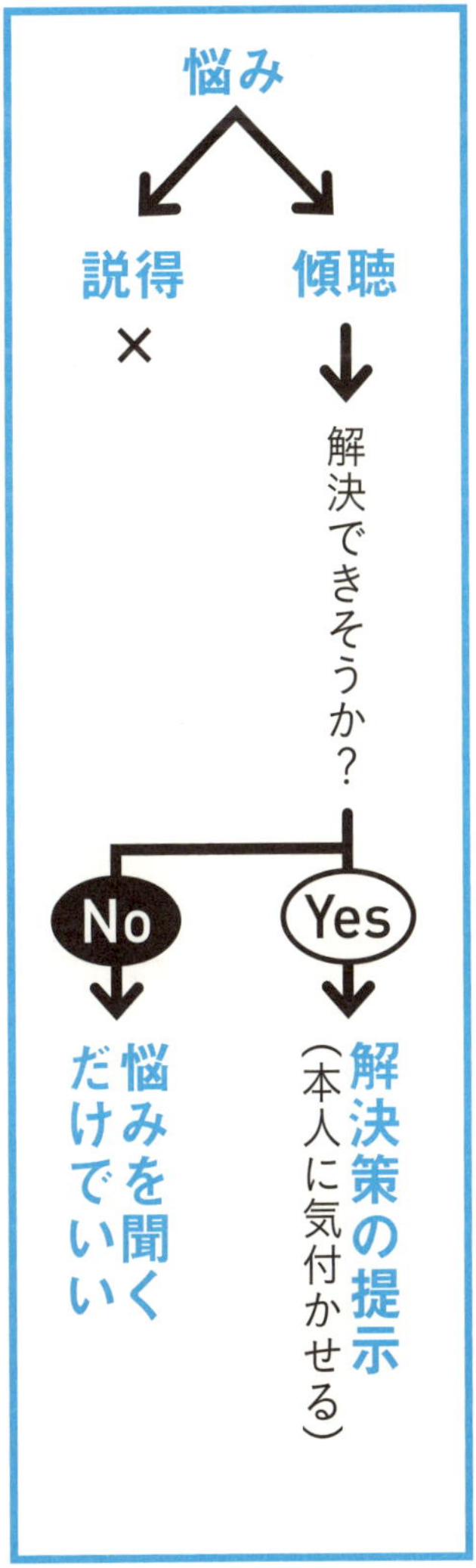

上手な悩みの聞き方例

感情移入する

×「何、眠いこと言ってるんだよ」

◯「そんな辛い思いをしてたんだね……」

共感する

×「そうかしら？」

◯「きっと、私でもそうしていたわ……」

親身になる

×「なんでわがままを言うの！」

◯「お姉ちゃんと一緒にいたかったのね……」

まとめ

話しやすい相談相手になるためには……

1
相手の感情を受け止めてあげる
（感情移入した相づちなど）

2
思う存分、話をさせてあげる

3
解決策の模索は後回し

婚活パーティーに参加したあなた。相手はかなりの人見知りのようです。天気の話は反応薄。会場のシャンデリアの話はもっと反応薄。次に話題を振るなら？

どっち!?

綺麗なドレスですね！

お仕事は何をされているんですか？

婚活するとき

会話が弾むのは、どっち？

←

上手な聞き方⑤
クローズド／オープンクエスチョン

「はい」「いいえ」では会話の糸口はつかめない！

勇気を出して会話を切り出しても相手が乗ってこないことはよくあります。相手の性格の問題なのか、お互いの距離感が問題なのか、はたまた話しかけ方がマズいのか……。

✕ 綺麗なドレスですね！

1回目、2回目の彼女の返答から、彼女は多くを語らない人だということが分かります。そこで回りくどい会話をやめて「褒める」作戦に出たことは評価できますが、そこで切り出す言葉が「綺麗なドレスですね」ではいただけません。きっと、「はぁ……ありがとうございます」の一言が返ってくるのが目に見えているからです。

その理由は簡単で、3つの質問とも自分の思ったことに対する「同意」を求めただけだからです。つまり、**すべて「はい」か「いいえ」で答えられる質問。選択肢の中から**

回答させる質問の仕方を「クローズドクエスチョン」と言い、人見知りの人はクローズドクエスチョンを投げられたら必要最低限のことしか回答しません。だとするとクローズドクエスチョンだけで会話を発展させることは難しそうです。

◎お仕事は何をされているんですか？

ベタな質問ですが、効果があるからこそ〝ベタ〟なのです。

最初の2回のネタ振りと違うのは、相手から新しい情報を引き出そうとしている点。「お仕事は？」と聞いて「はい」と答える人はいませんよね。**相手に自由に回答させる質問のことを「オープンクエスチョン」と言い、会話のネタを探す際に重宝します。**

オープンクエスチョンは回答の自由度が高いので情報を引き出すことには適していますが、万能なのかと言ったらそうではありません。そもそも**無口な人や人見知りの人にいきなりオープンクエスチョンを投げると重荷に感じる人もいる**ので、最初はクローズド、次にオープンという2段構えでもいいわけです。

話の糸口がつかめないと焦ったときはオープンクエスチョンの出番。もしそこで何を聞いたらいいか混乱してしまう人は、とりあえず「ど」と言ってみてください。「ど……こからいらしたんですか？」「ど……んなお酒が好きですか？」「ど……うして今の仕事を選ばれたんですか？」など、「ど」をつければなんとか形になります。

無限に質問が浮かぶ「ど」の法則

会話がなかなか弾まない

←

「はい」か「いいえ」で答えられる質問しかしていない可能性大！

←

とりあえず「ど」と言ってみる！

←

どちらに、どんな、どうして、どれが、どうやって……無限に質問が浮かぶ！

オープン／クローズドクエスチョンの使い分け例

ダメな例①

上司「山田君はこの件について意見はあるかね？」→ YESかNOか

山田「いいえ……とくには（本当はあるけど……）」

ダメな例②

上司「山田君はこの件についてどう思うかね？」→ オープン

山田「……あ、あのー、そのー（やばい……話せない……）」

良い例！

上司「山田君はA社とB社のどちらがいいと思うかね」→ AかBか

山田「……あ、はい。A社かと」

上司「君もA社か。その判断基準は何かね？」→ オープン

山田「A社の方が人材が豊富ですし、何より実績が豊富かと……」

まとめ

オープン／クローズドの
質問を上手く使いこなすには……

1
オープンは情報量が多い、クローズドは少ないと覚える

2
オープンは答えにくい、クローズドは答えやすいと覚える

3
会話の糸口を探すにはオープンが最適

4
無口な人にはクローズドとオープンを適度に混ぜるといい

普段はもの静かな友人が、ある話題について熱心に語り出しました。
聞き手であるあなたは、会話を弾ませるために何をすればいいでしょう？

どっち!?

熱く語り出した理由を聞き出す

相づちを入れてもっと熱くさせる

もの静かな友人と

会話が弾むのは、どっち？

←

上手な聞き方⑥
相づちの威力

相づちだけで会話の流れをコントロールできます

会話が苦手な人ほど、相づちは相手の話を聞いていることを示す最低限のマナーくらいにしか思っていませんが、実は相づちだけで話を弾ませることができます。

✕ 熱く語り出した理由を聞き出す

普段は寡黙な人に「なんだか今日は熱いね」などと言ってしまっては、相手も急に冷静になって話をすることをためらうかもしれません。

◎ 相づちを入れてもっと熱くさせる

気持ちを込めた相づちで相手の話をどんどん盛り上げてあげるのが正解です。

相づちの機能は「同意・共感」「促進」「賞賛・感嘆」の3つに分類できます。それぞれの機能を具体的にみていきましょう。

●「同意・共感」の相づち

「うんうん」「そうですね」といった最も一般的な相づちはここに分類されます。人は共感されると親近感と安心感を覚えるのでさらに会話を加速させることができます。

注意したいのは、**誰しも相づちには口グセがあるため、ワンパターンにならないようにすること**です。同じ相づちを繰り返していると「この人、話を聞いていない」と思われる可能性があるからです。まずは自分の口グセが何かを知ることからはじめて、意識して別の表現を使ったり、声のトーンを使い分けたりしてみてください。

相づちのなかでもとくに効果的なのが「分かる」「それは大変ですね」といった強い共感を示す相づちです。価値観が同じだと示すことで信頼関係を強固にできます。

また、**言葉を発しない「うなずき」も立派な相づちです。**企業研修をしているとよく分かりますが、若くして出世している人は講義中もしきりにうなずいてくれます。話す方としても内容を理解してもらえているのか不安なので、**うなずいてくれる人が一人いるだけで断然、話がしやすくなります。**

●「促進」の相づち

会話の起爆剤として機能します。たとえば相手の話が小休止したときなどに、「で、そのあとどうなったんですか？」「というと？」とひとこと投げかけることで、さらに会話を弾ませられます。

●「賞賛・感嘆」の相づち

「それはすごいですね！」といった賞賛の言葉や、「ほお」といった感嘆の言葉を織り交ぜることで、相手の承認欲求を刺激していきます。

「相づち」を場に応じて使いこなすにはタイミングも重要です。

基本は相手の会話の速度に合わせること。ゆっくり話す人には「へー。そうなんですねー」と間を取り、早口な人には「はい」「ええ」と小気味よく相づちを打ちましょう。うなずきも同じで、うなずく角度の深さや速度を使い分けてみてください。

会話における相づちは、餅つきのつき手と返し手の関係と似ています。タイミングが合っていないとチグハグになってしまうので、極端に言えば話し手の呼吸を観察するくらい、テンポには細心の注意を払いましょう。

相づちで会話を弾ませる例

相手の気分を乗せたいとき

A「この前、社長賞もらいましてね」

B「ほぉ、すごいじゃないですか！」

同情を示して親近感を持ってもらうとき

A「家族全員がインフルでダウンしちゃって……」

B「あらー、そうですか。それは大変でしたね……」

会話をさらに引き出したいとき

A「昨日、あの話題のお店に行ってきたんだ」

B「いいなー！　で、実際に行ってどうだった？」

まとめ

相づちの達人になるには……

1 自分の相づちの口グセを知る

2 言葉や反応のバリエーションを増やす

3 感情をこめて、抑揚をつける

4 相手の会話のテンポに合わせる

友人と会話中。どうやらこの友人は「ボルダリング」（※ロッククライミングの一種）にハマっているそうです。しかし、イマイチそのスポーツのことを分かっていません。

どっち!?

「へー、そうなんだ」で切り抜ける

「なんではじめたの？」と聞いてみる

詳しくない話題

会話が弾むのは、どっち？

←

上手な聞き方⑦
困ったら「WHY」

自分の知らない話題は会話を弾ませるビッグチャンス

会話をしていると相手からどんな話題が出てくるか分かりません。そこでどんな話題でも弾ませられる人こそ、真の会話上手です。

✕「へー、そうなんだ」で切り抜ける

知らない話題や興味のない話題が出てきたとき、人の反応は4つに分けられます。

①話を拒絶する→例「あ、そう。ところで〜」
②話題が終わるのを待つ→例「ふーん」「へー」
③知ったかぶりをする→例「面白いみたいだね！」
④知らないことを素直に言って質問をする→例「どんな感じなの？」

今回のケースでは②に該当しますね。相づちを打つという聞き手としての最低限の役

割は果たしていますが、自分から積極的に聞こうとはしない態度です。こうした態度は確実に話し手に伝わりますので、会話もすぐにしぼんでしまいます。
ちなみに知ったかぶりも、いざボロが出たら相手の信用を損なうことになりかねないので避けた方が無難です。知らない自分を恥ずかしがる必要はまったくありません。

◎「なんではじめたの？」と聞いてみる

質問をするときは一般的な5W1H（六何の法則）に従えばいいでしょう。

WHO　だれが　「だれかに教わっているの？」「チームとかあるの？」
WHAT　なにを　「どんな道具が必要なの？」「なにを競いあうの？」
WHEN　いつ　「週に何回くらい通っているの？」「いつからはじめたの？」
WHERE　どこで　「専用の施設があるの？」「発祥国ってどこ？」
WHY　なぜ　「なぜはじめたの？」「なぜハマったの？」
HOW　どのように　「登るコツってあるの？」「トレーニングってどうしてるの？」

それぞれにあてはめてみるだけで、ざっとこのような質問が湧いてきます。ただ、会話の流れの中ですべてを考えるヒマはないでしょうから、私がとくにおすすめするのは「WHY」を使うこと。ほかの質問はどちらかというとスポーツ自体のことを質問していますが、WHYだけは相手への関心度も同時に伝えることができるケースが多いからです。このテクニックはカンタンな割にかなり使えますよ。

質問することに迷ったら「WHY」から！

WHO　↑事実
WHAT　↑事実
WHEN　↑事実
WHERE　↑事実
WHY　↑これだけ理由
HOW　↑事実

その魅力やきっかけ話を聞かれると相手も喜ぶ！

「WHY」で話題を掘り下げる会話例

熱心に宇宙の話をしている人に

「なんで宇宙に興味を持ったの？」

女性アイドルの話をしている人に

「その子がイチオシな理由は？」

FX（外貨投資）の話をしている人に

「投資をはじめようと思ったきっかけは？」

新車を自慢している人に

「なんでその車にしたの？」

まとめ

自分の不得意な話題で盛り上がるためには……

1

知らないことを正直に伝え、知りたいという関心度を見せる

2

5W1Hで質問を考える
（とくに「なぜ」を優先）

3

どこまで細部を聞くかは自分の関心度に応じて決める

交流会にて、ある男性から声をかけられました。しかし、会話といってもたまに相手から質問をされる程度。あなたは何も質問が思い浮かびません。その理由は？

どっち!?

自分が会話下手だから

相手がつまらないから

交流会にて

会話が弾まない理由は、どっち？

←

上手な聞き方⑧
会話のマトリックス

質問が何も思い浮かばないのは相手への関心が足りないから！

今回の場合は一方的に質問をされているのであなたが9割、話す形になっています。相手から話を振られたら主導権を渡されたことを意味するので、聞かれたことはしっかり話さないといけません。しかし、本当にそれで満足していいのでしょうか？

とくに、言葉数の少ない人の中には、聞かれていないことを自分から話すことを良しとしない控えめな人が多いので、相手も「そろそろ質問してよ」としびれを切らしているかもしれません。

✕ 自分が会話下手だから

質問を「言葉にできない」のは会話下手なのが理由でしょうが、質問自体が「思い浮かばない」のは会話のスキルと一切関係ありません。

◎相手がつまらないから

相手への質問が浮かばないのは、相手への関心がないからです。相手への関心がなければ「つまらない相手だ」と思うのも仕方ありませんからね。

会話を弾ませる前提条件は、相手に関心を持つことです。「もっと知りたい！」という気持ちがあれば自然と質問は出てきます。「どんなことを聞けばいいのだろう」と思っている時点で、まだ相手に対する興味が足りていない証拠です。

相手への関心はあるのに会話のスキルがないと嘆いている人もいるかもしれませんし、相手への関心も会話のスキルも両方ないという人もいるでしょう。

そこで会話上手とはどういう人なのかが一目で分かるマトリックスを用意しました。

真の会話上手になるためには、会話のスキル向上（技術論）に終始するだけではなく、周囲に対する関心を持つことが必須なのです。

ちなみに交流会で会話を弾ませるコツは、「業界のこと」や「会社のこと」は世間話程度に使って、**できるだけ「本人のこと」について語り合うこと**です。

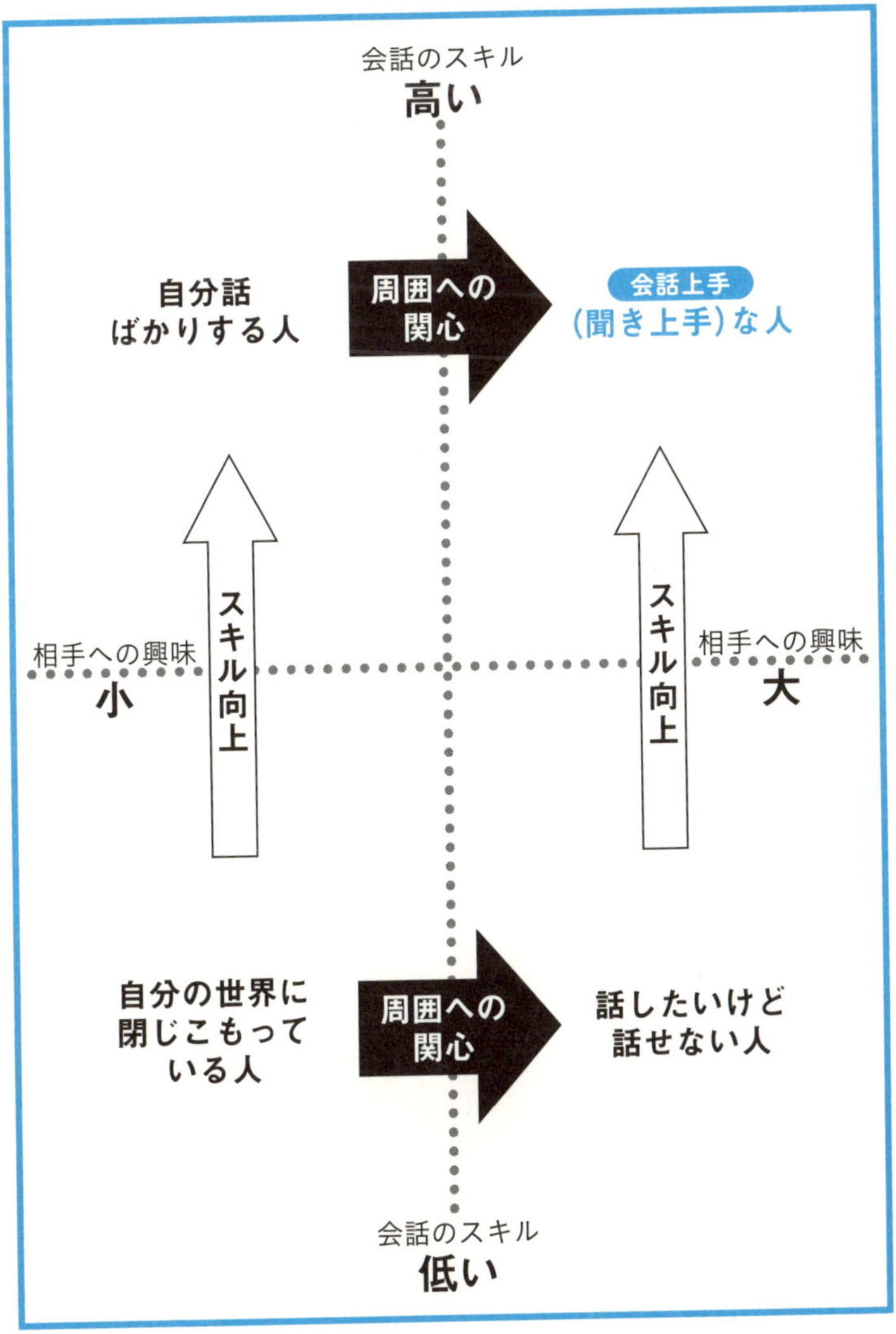
会話のスキル
高い
自分話
ばかりする人
周囲への
関心
会話上手
(聞き上手)な人
スキル向上
スキル向上
相手への興味
小
相手への興味
大
自分の世界に
閉じこもって
いる人
周囲への
関心
話したいけど
話せない人
会話のスキル
低い

相手への関心度が伝わる質問例

名刺交換をして

「面白い名字ですね。ご出身はどちらですか？」

相手がベンチャーの社長だと聞いて

「会社員時代と起業されてからで何が一番変わりましたか？」

オシャレなスーツを着ていてる人に

「スーツお似合いですね。スタイリストさんを付けてらっしゃるんですか？」

成功話を聞いて

「すごい！　その成功の陰にはどんな失敗経験があるんですか？」

まとめ

会話を弾ませる「聞き上手」になるには……

1 とにかく相手に関心を持つ！

2 相手の肩書より「本人のこと」を聞く

3 自分の話より相手の話を優先する

COLUMN 2

人差し指理論

話が伝わらないのは自分のせい！

コミュニケーションが苦手な人ほど相手に自分の話を伝えようとする「努力」をしていません。「あんなバカには分からないさ！」「なんで私の気持ちが分かってくれないの？」「なんど言ったら分かるの！」。いずれも「相手が悪い」という前提に立っています。

人差し指で誰かを指差すとき、中指、薬指、小指の3本はどちらを向いていますか？　自分ですよね。人差し指はあなたの「伝わって！」という願望にすぎません。自分に向けられた3本の指を忘れないでください。

人差し指「伝わって！　理解して！　お願いを聞いて！」

中指「相手と自分の“違い”をきちんと認識しましたか？」（相手認識）

薬指「相手の立場や感情を理解できていますか？」（相手理解）

小指「相手目線に立って言葉を選べていますか？」（相手尊重）

第3章

会話がはずむのはどっち!?
「展開ワザ」編

よく行く本屋のおばちゃんから声をかけられました。

「最近、ピケティとかいう先生の本がよく売れてるのよ。みんな勉強熱心なのね～」

どっち!?

そうですね

ああー。社長室の飾り用かも（笑）？

店員さんとの雑談

会話が弾むのは、どっち？ ←

会話が止まらなくなる簡単なテクニック

会話の展開ワザ①
「会話ストッパー」の退治

「はい」「いいえ」「そうですね」。

肯定、否定、同意の言葉と、質問をされたときの回答さえ言えれば、ほとんどの会話で「聞き手としての役割」は果たせます。ただ、それだけでは会話は弾みません。

友人から「どんな食べ物が好き？」と聞かれたとして、そこで「カレー」とだけ一問一答で返すのでは味気ない会話になります。そうではなく、「カレー。とくにナンで食べるのが大好き！」と、プラスアルファの情報を付け足してみてください。「ああ、ナンいいよね！　この前、美味しいインドカレー屋さん見つけたんだ」という具合に、**あなたならではの言葉をきっかけに会話が弾みそうです。**

もちろん、情報を付け足す以外にも、「カレーかな。あなたは何が好き？」と質問で返すのも立派なキャッチボールになります。**コツは一問二答。相手に聞かれていないことをひとこと添えるだけで会話が小間切れにならず連鎖していきます。**

× そうですね

会話が弾まない人の典型的な返しです。毎回一問二答していたら相手もスムーズに話せませんので、相づちとして一問一答をするなら問題ありません。しかし、会話が展開するかどうかの境目となる「ネタ振り直後」に一問一答するのは避けましょう。

「そうですね。私もトライしましたが断念しました（笑）」という具合に、少し言葉を足すだけで会話は豊かになっていくものです。

もし返答に困ったら、単純に「そうですね！　みんなすごいですね！」と、相手の言葉に対する共感の度合いを強めるだけでもＯＫ。「この話題に興味があります」という意思表示になるので、相手としても次の言葉が出やすくなります。

◎ ああー。社長室の飾り用かも（笑）？

「ああー」という感嘆詞でボールを受け、おばちゃんの「勉強熱心」という意見に笑いのエッセンスを交えながらやんわりと反論しています。必ずしも同調することが会話ではないので、ケンカ腰ではない限り、反論も会話の大事なスパイスになります。もしここで、「私のまわりで読んでいる人はいませんけどね」というように強めの反論をしたり、「私はブームになる前から原書を読んでいましたけどね」というような露骨な自慢をしたらどうでしょう？　おそらく会話が止まりそうですよね。

会話の展開を一発で止めてしまう言葉を会話ストッパーと言います。種類は次の3つ。

①一問一答に見られるような無関心（「ふーん」「いいえ」「あ、そう」）

②強い言葉を用いた一方的な否定（「そんなわけないよ」「お前はバカだな」）

③会話泥棒的な自慢話（「大したことないですよ。私なんて〜」）

会話ストッパーを発するときの心境は、相手の話に興味がないか、または自分をよく見せたいと思っているケースが大半です。その思いがそのまま言葉に出るために会話を止めてしまうわけですから、**会話ストッパーを発してしまう人は、その行為が習慣化していることがよくあります**（ご自分の普段の会話を振り返ってみてください！）。

もし一問二答で**「自分の話」を付け足す場合は、その言葉を発する前に「その意見や自慢話を相手が本当に聞きたがっているのか？」と再考してみてください。**

一問二答にして会話を弾ませる例

会社にて

「ねえ、今日の部長のネクタイみた？」

「ううん ＋ でも、どうせまたド派手なんでしょ（笑）」

カラオケにて

「お前も何か歌う？」

「いいや ＋ 風邪でちょっとノド痛いから、審査員役に回る」

取引先にて

「今日も寒いですね」

「そうですね ＋ ただ、ヒートテックのおかげで部分的に熱いです（笑）」

学食にて

「聞いてくれよ。昨日、財布なくしちゃってさ」

「本当に!? ＋ どこでなくしたか分かってるの？」

まとめ

「会話のストッパー」にならないためには……

1
「はい」「いいえ」「そうですね」で終えない

2
相手に聞かれていないこと（情報や逆質問）を付け足す

3
付け足すことがないなら共感の度合いを強めるだけでもＯＫ

4
一方的な否定をしない

5
会話泥棒的な自慢話をしない

飲み会の席で友人がゴルフについて熱く語り出しました。
ここから会話を展開していくには、どちらが盛り上がるでしょうか？

どっち!?

スポーツつながりで自分でも語れるサッカーの話題に切り替える

ゴルフを軸に引っ張れるところまで引っ張ってみる

飲み会にて

会話が弾むのは、どっち？

←

会話の展開ワザ②
話題の「軸」をズラす

話の展開に困ったら話題の「軸」をズラせばOK

会話を展開する最も簡単な方法は5W1Hで質問を投げかけることだということはお伝えした通りですが、毎回質問ばかりしていても不自然です。そこで別の展開方法も覚えておきましょう。

✕ スポーツつながりで自分でも語れるサッカーの話題に切り替える

今回のケースでは相手はゴルフのことを話したがっていると判断するのが自然です。いくらスポーツつながりでもいきなり話題を変えてしまうのは自分勝手すぎます。

◎ ゴルフを軸に引っ張れるところまで引っ張ってみる

「ゴルフ」という話題が軸の中心にあるとして、それを垂直方向に積み上げていくのが一般的な会話の展開です（「ゴルフの魅力ってなんですか？」など）。このビルドアップ（話の積み重ね）ができるだけの知識があるなら苦労はしませんが、気の利いた質問や返しができるほどの知識がないのであれば、意図的に軸をズラすことで、いくらでも話題は展開できます。

軸とは具体的には縦軸と横軸があります。

横軸は何種類かあります。定番のズラシと言えば……

「場所」のズラシ→「海外でもゴルフはするの？」

「人」のズラシ→「家族の皆もゴルフはするの？」

などです。なかでも人のズラシをして家族の話題を絡めると、相手との距離が縮まりやすいのでおすすめです。

ほかにも……

「類似する話題」へのズラシ→「パターゴルフもなかなか熱くなるよね」

「レベル」のズラシ→「やるだけではなく試合を観るのも好きなの？」

といったズラシもできます。

一方縦軸とは時間軸のことです。

「過去」へのズラシ → **「昔はもっと飛ばし屋だったの？」**

「将来」へのズラシ → **「リタイア後はゴルフ三昧？」**

といったように、過去の話か未来の話にズラしていきます。こちらの時間軸のズラシも話題の展開に困ったとき強力な武器になりますので、覚えておいて損はしません。

目の前に話題があるにもかかわらず質問が出てこないのは、いわば目に映っているものしか見えていない「主観」だけの状態に近いものがあります。視野が狭まっているなかで質問が出てこないのであれば、いくら頭を回転させてもアイデアは湧きそうにありません。そういうときこそ〝軸〟を意識して視野を広めることで、物事をより「俯瞰《ふかん》」して見ることができます。

会話の展開に焦ったら、5W1Hか縦横の軸をイメージ。これできっと会話の展開に困ることはなくなります。

会話の軸をズラしながら展開していく例

スマホの話題↓場所のズラシ

「中東の人って、なんであんなに電話好きなんだろう」

スマホの話題↓人のズラシ

「お子さんにも、スマホ使わせているの？」

スマホの話題↓過去へのズラシ

「私たちの学生時代なんてポケベルとＰＨＳだったもんね」

スマホの話題↓将来へのズラシ

「10年後のスマホってどんな形してると思う？」

まとめ

もしも話題を広げるのに困ったら……

1 場所や人をズラしてみる

2 過去の話をしてみる

3 将来の話をしてみる

あなたはとある営業所で唯一の新卒社員。そこに、本社の役員が抜き打ちで訪問。新人のあなたに気付いて「仕事の方はどうだい？」と声をかけてきました。

どっち!?

ぼちぼちです

デスクワークは慣れてきましたが、営業がまだ苦手で……

偉い人と

会話が弾むのは、どっち？

←

会話の展開ワザ③
質問の意図を読み解く

相手の知りたいことを答えない↓無視をしているのと同じです

質問と言っても「最近、調子どう？」といった「軽い質問」もあれば、相手が情報を引き出したいためにする「本気の質問」もあります。前者は軽く返してもいいですが、後者であれば相手の意図を汲んでしっかり答えないと**「軽くあしらわれた」と不快な思いをさせてしまう恐れがあります。**

会話が苦手な人の多くは、相手の意図を読み解く「理解力」、「想像力」、「気配り」に欠けています。相手の意図と違うことを返すわけですから、相手も一瞬、思考停止になったり、話す気が失せてしまったりするのも当然です。

×ぼちぼちです

軽い返しの典型です。いいのか悪いのかも伝わりません。役員がどこまで細かいことを知りたいのか微妙なところですが、少なくとも相手が「気を遣っている」ことは明らかです。その厚意に対して最も軽い返しでボールを返すのは**マナー違反**でしょう。

また、一問一答になっているのも社会人としての誠意がないですね。緊張していて言葉が出ない場合でも、せめて「順調です！」「頑張っています！」「お気遣いありがとうございます！」くらいの元気さを見せる配慮が欲しいところです。

◎デスクワークは慣れてきましたが、営業がまだ苦手で……

目上の人から仕事の状況を聞かれたら、素直に答えるのが一番です。とくにこのケースでは役員も現場のリアルな声を聞きたいという意図がありそうなので、できるだけ具体的な話を交えた方がいいでしょう。

具体的な回答をするということは、それだけ会話が弾む可能性も高まるということです（前述の「撒き餌法」）。今回のケースでは「営業が苦手」という言葉をきっかけに、「俺も若いときは営業が苦手でなぁ」と役員が昔話をしてくれるかもしれません。

ネタを振られたら相手の気持ちを理解して、自分も気持ちを込めてしっかり返す。し

つかり返すから、相手もさらに返してくる。これが会話のキャッチボールの理想形です。

相手の意図を読み解く力をつけるには、いくつかコツがあります。

まず第一に、焦らないこと。回答しないといけないプレッシャーでパニックになって頭の整理がつかないまま回答する人もいれば、頭の回転が速すぎるせいで先読みをして会話が噛みあわないケースもあります。両極端ではありますが、いずれの場合も焦らずに、冷静に言葉を選んでいれば問題はおきません。

第二のコツは、相手に集中すること。相手の発する言葉はもちろん、その表情や仕草も含めて相手の心境や置かれた立場などを「想像」することが大切です。

最初のうちは想像が外れても構いません。ビジネスの世界の「仮説と検証」と同じで、検証の結果、仮説が間違っていたとしたら、次回は同じ間違えをしないように注意すればいいのです。

それがコミュニケーションの経験値として日々蓄積していきます。最初から相手のことを一切想像しない会話ばかりしていると、失敗に気付くことも反省することもないので、一向にコミュニケーション能力は高まりません。

相手の意図をきちんと汲んだ良い回答例

血液型を聞かれて↓

仮説 血液型の話がしたいのだろう……

「A型だよ。ただ、B型っぽいってよく言われるけど」

会議で意見を聞かれて↓

仮説 課長の案が劣勢だから援護射撃が欲しいのかな……

「私は課長の案に賛成です。なぜなら……」

好きなお酒を聞かれて↓

仮説 相手は日本酒を飲んでいる。日本酒の話がしたいのかな……

「いつもはビールが多いですけど、日本酒も飲みますよ。辛口派です」

明日はヒマかと聞かれて↓

仮説 この前、映画に行きたいって言ってたな……

「夕方以降なら空いてるよ。映画でも行く？」

まとめ

相手の意図を理解して受け答えするには……

1
回答を焦らない

2
先読みしすぎない

3
相手の言葉と文脈に集中する

4
表情や仕草からも相手の心境を読み取る

おしゃべりな上司と残業中、ついに上司が口火を切りました。「そういえば来週、エリック・クラプトン来日するな」。名前しか知らないあなたは何と返せばいいでしょう。

どっち!?

……誰ですか、それ？

エリック・クラプトン!?

おしゃべりな上司と
会話が弾むのは、どっち？ ←

会話の展開ワザ④
反射的「オウム返し」

会話に困ったら……リピート・アフター・「ユー」

相手の放ったキーワード（印象深い言葉や興味を持った言葉）をそのまま返すテクニックを会話術では「オウム返し」と言います。「会話が苦手な人は、とりあえず（反射的に）相づちとオウム返しをしていれば大丈夫」と断言したいくらい強力な会話術です。

×……誰ですか、それ？

知ったかぶりをするよりはいいと思いますが、話題に対する関心度が低いことが相手に伝わると「なんだ知らないのかよ。じゃあいいや」で終わる可能性もあります。知らないのであればせめて**「その世代に詳しくなくて申し訳ないですが、有名な曲ってどんなのでしたっけ？」**というように、話題に興味があることを示すのが礼儀です。

◎エリック・クラプトン⁉

オウム返しをすることで相手は「食いついた！」と思うので、話し手のモチベーションが高まります。同時に、聞き手が次の相手の話題をコントロールできるので、「一緒に会話を作り上げている」感覚が作れます。今回のケースでの展開例を見てみましょう。

上司「そういえば来週、エリック・クラプトン来日するな」

自分「エリック・クラプトン⁉」←すごいことらしいのでとりあえずオウム返し

上司「そう、ギターの神様。で、チケットを譲ってもらえそうでね」

自分「譲ってもらうんですか⁉」←詳しくないので無難にチケットの話題にしよう

上司「友人が都合合わなそうだから、どうせなら大ファンの俺にって」

自分「へー。大ファン」←どれくらい好きなのか興味が湧いてきた

上司「学生時代、バンドでクラプトンのコピーばっかりしてたしな」

自分「バンドやられてたんですか？」←興味津々です！

上司「そうだよ。当時は俺もロンゲでさぁ」

自分「ロン毛だったんですか（笑）」←反射的にオウム返ししてしまった……

上司「いまじゃ伸ばしようにも毛根が、ってやかましいわ（笑）」←あぶなかった……

自分「でも、ファンなら本当に楽しみですね！」←会話のまとめに入ろう

このようにオウム返しだけで会話がどんどん展開していきます。

オウム返しは心理学の世界で「ページング」と言い、カウンセラーなどは言葉だけではなく相手の声のトーンやテンポなども真似するそうです。オウム返しが優れているのは、受容（相手を受け入れる）・共感（味方であることを示す）・傾聴（相手に関心があることを伝える）の3つの技法を同時に実現できる点にあります。つまり**相手がさらに話したくなる状況を、このオウム返しだけで作りだすことができる**ということです。

ただし、オウム返しは会話の展開を聞き手が選ぶことになるので、相手が話を膨らませようとしていた話題以外のキーワードをオウム返ししてしまうと、会話の腰を折ってしまう恐れがあります。たとえば「代休消化してハワイ行ってくるんだ」「代休⁉」「……」といった具合です（当然、相手はハワイの話をしたいわけです）。

話の主旨が見えないときは無難に相づちを入れて話をさらに引き出し、会話の方向性が見えたらオウム返しを交えて展開を加速させる。こんな使い分けがおすすめです。

オウム返しで展開を加速させる例

「昨日、彼氏とケンカしちゃったの」
↓
オウム返し
「え⁉　ケンカしちゃったの？」

「このポスター、オシャレでいいね」
↓
オウム返し
「ホント、オシャレだねー」

「昨日、500gのステーキ食べに行ってさ」
↓
オウム返し
「500g！」

「最近、うちの息子が将来ユーチューバーになるってうるさいのよ」
↓
オウム返し
「ユーチューバー（笑）⁉」

まとめ

「オウム返し」を使いこなすためには……

1
相手が話をしたいであろうキーワードを拾う

2
話の主旨が見えなかったらオウム返しせず、ただの相づちで返す

3
受容・共感・傾聴の作用があることを知る

喫茶店で初対面の相手と二人きり――
突如訪れた沈黙……。どうすればいいでしょう？

どっち!?

……このお店、落ち着きますね

……このコーヒー美味しいですね

初対面での沈黙

会話が弾むのは、どっち？

←

沈黙を埋めるための無理なネタ振りは痛々しい！

会話の展開ワザ⑤
沈黙の対処法

沈黙は会話下手にとって最大の敵ですが、焦る必要はありません。むしろ沈黙を楽しみながら、冷静に次の話題を吟味する時間にあてましょう。

◎ ……このお店、落ち着きますね

「リラックスした雰囲気が好き」すなわち「沈黙を気にしない」ということを相手に伝えています。こうして布石を打っておけば、その後も沈黙は怖いものではなくなります。

× ……このコーヒー美味しいですね

露骨な沈黙の穴埋めは余計、微妙な空気を生みます。相手に集中しましょう。

沈黙が訪れたあとの第一声の例

話を遡って質問をする

「帰省されると仰っていましたが、実家はどちらですか？」

自然に話題を変える

「ところで、今度の週末、予定は空いていますか？」

思い出し話をする

「あ、いけない！　クリーニング取りに行くの忘れてた（笑）」

まったり感を楽しむ

「いやー、こういう休日の過ごし方も贅沢ですねー」

まとめ

困った沈黙が訪れたら……

1
沈黙を無理に埋めない

2
次の話題を吟味する時間にあてる

3
相手が沈黙を気にしているようなら「自分は気にしません」と伝える

大学の同級生たちと学食でヒマを潰しています。とくに話題もなく静かです。
ここで会話を弾ませるにはどちらの話題がいいでしょう？

どっち!?

今までで一番好きな先生って誰？

今までで一番嫌いな先生って誰？

同級生と
会話が弾むのは、どっち？ ←

会話の展開ワザ⑥

「弾む話題」選び

前向き、かつ、キャラが立つ話題を選べばトークは加速する

話題に迷ったら、暗い話題より明るい話題。さらに、「人の好み」や「思い出話」、「空想話」など、話し手のキャラが立つ話題を選ぶと会話の成功率は9割を超えるでしょう。

◎今までで一番好きな先生って誰？

「好み」と「思い出話」が両方引き出せるので複数人の会話でもきっと盛り上がります。

なお、人の好みを話題にするとき注意したいのは、自分の考え方と違うからといって「ありえないよ」などと相手を否定しないこと。「そういう考え方もあるんだ」と、広い心で会話に臨むことが大切です。

人は違って当たり前だと思うことで、さらに会話が弾んでいきます。

×今までで一番嫌いな先生って誰？

悪口トークは瞬間的な盛り上がりが期待できるのも事実。しかし、マイナスの感情は連鎖するので一時的に会話が弾んだとしてもその後、淀んだ空気に包まれます。

みんなが明るい気分になる「キャラ立ち」した話題をいくつか挙げてみましょう。

友人と本の話題になって――

×「〇〇が書いた新刊、つまらなかったなぁ」

〇**「人生歴代1位の本って何？」**

会社の同僚と宴会中――

×「しかし、役員連中は何を考えているんだか……」

〇**「もし1億で新規事業立ち上げろと言われたら何する？」**

テニス仲間たちと談笑中――

×「私、あのコーチ苦手なの」

〇**「そのテニスウェア、オシャレね！」**

まとめ

会話がどんどん弾む話題とは

1 好みについて聞く

2 楽しい思い出を語り合う

3 空想話をする

4 悪口や不満話を避ける

ママ友とお茶をしています。最近読んだベストセラー小説について話題を振ってみましたがイマイチ話に乗ってきません。こんなとき、どうすればいいでしょうか。

どっち!?

まったく違う話題に変えてみる

その小説の良さを分かりやすく説明する

ママ友とティータイム

会話が弾むのは、どっち？

←

会話の展開ワザ⑦
関心度センサーON

ネタ振り三振バッターアウト！

仲の良い相手との会話でも、相手の反応が薄いことはよくあることです。その理由はいくらでも考えられます。

『夕飯の献立のことを考えていたから』
『お腹が痛くて集中できないから』
『SNSで盛り上がっているところだから』

など、本人にしか分からない事情もあるわけです。会話は共同作業ですから、もしこのような事情で会話が弾まなかったとしてもしょうがありません。

ただし、今回のケースについては、話題に対して相手が関心を持っていない可能性が高そうです。

◎まったく違う話題に変えてみる

お互いが話しやすい話題を選べば、会話を弾ませることはたやすいものです。

逆に言うと話題選びを間違えると苦労するだけですので、相手の反応が薄いのであれば潔く話題を変えるクセを付けましょう。何度か話題を相手に投げる中で、結果的に相手がグッと食いつけばいいのです。

しかし、営業の方が商談前に行う**雑談の基本ルールとして、「話題を3回振っても乗ってこなかったら本題に入る」**というものがあります。

実体験を振り返っていただければ分かるように、3回連続してネタ振りに失敗すると、「あー、かみ合ってないなー」とお互いが思いはじめ、気まずい雰囲気が流れることがあります。ましてや初対面同士なら「この人とは合わないんだ」と解釈されかねません。だとしたら関係が悪化する前に本題に入ってしまえ、というのが3回ルールの真意です（もちろん、営業の方がムダな時間を過ごさないためでもあります）。

この3回ルールを実践するには、なによりも相手の受け答えを見て、**その話題に対す**

る関心度を察する能力が必要になります。

友人同士の会話でたとえると、次のようなやり取りになります。

あなた「最近調子どう？」

友人「（スマホをいじりながら）普通かな」←**反応は薄いけど肩慣らしだから気にしない**

あなた「あ、そう。まだフットサルやってるの？」

友人「（まだ画面を見ながら）やってる」←**あら。こっち見ないし、反応薄だ**

あなた「ふーん……あ！　そういえば鈴木が結婚するって聞いた⁉」

友人「（スマホを置いて）え、マジ！　聞いてない、聞いてない」←**食いついた！**

相手の興味がない話題で盛り上げようとするにはよほどの話術か、よほど面白いエピソードが必要になります。しかし、相手が興味を見せた話題なら、別に話術が下手でも簡単に会話を弾ませることができます。

✕その小説の良さを分かりやすく説明する

相手がその本を読んでいなくても、その小説について、または、あなたについて興味がある人なら、「へー、どんな内容なの？」と質問してくるはずです。とくに、普段は普通に会話ができる人が上の空だったり、カラ返事だったりしたら、それは明らかに今の話題に興味がない印です。

そんな状態で小説の良さを噛み砕いて説明したところで、しょせんは自分がしたい話を一方的に続けるだけの「話題の押しつけ」になりかねません。

空気が読めない人ほど、話題の押しつけをよくしがちですので注意してください。

話題に困ったら「しかけ」で乗り切る

社会人の場合
し…仕事　か…家庭　け…健康

女性の場合
し…ショッピング　か…彼氏ネタ　け…芸能・ケーキ（スイーツ）

主婦の場合
し…しつけ　か…学校（子どもの）　け…結婚生活

若者の場合
し…趣味　か…学校　け…ゲーム

まとめ

「ネタ振り三振」をしないためには……

1

初対面の相手ならとりあえず情報を引き出す

2

相手のリアクションをよく観察する

3

関心が薄いと思ったら話題をすぐに変える

営業先に同行中の上司に「部長、最近、毎日遅いですね」と声をかけてみました。
「おう。プレイングマネージャーの宿命だな」と部長。このあとに続けるなら？

どっち!?

そういえば今朝の新聞見ました？

大変ですねー。で、今日なんですが

上司と移動中

会話が弾むのは、どっち？

←

会話の展開ワザ⑧
話題回収

自分が振った雑談は責任を持って「回収」

ボケに対して必ずツッコミがあるように、気持ちのよい会話をするなら相手から返ってきたボールをしっかりキャッチしてあげることが大切です。とくに自分から振った話であれば、なおさらしっかり受け止めましょう。

× そういえば今朝の新聞見ました?

「お前から質問しておいて無視かよ」と気分を害されます。話題を変えるのは自由ですが、その前に相手の発言をいったん受け止めましょう。

◎ 大変ですねー。で、今日なんですが

「大変ですね」という労《ねぎら》いの言葉を使って部長の発言を受け止めているので、話題を変えても違和感がありません。まとめの言葉がうまく見つからない場合は、普通の相づちよりオーバーに言う（「へー」ではなく「へーー!!」）だけでも会話の着地として機能します。

「自分が振った会話を回収できるワード集」としていくつか挙げておきます。

難易度 ★〈同意を表す〉

「なるほど！」「いいね！」「そっかー」

難易度 ★〈驚きを表現する〉

「すごい！」「さすが」「半端じゃない」

難易度 ★★〈相手の気持ちを代弁する〉

「さぞかし楽しかったでしょう」「それはツラい……」「それはムカつく」

難易度 ★★★〈話をまとめる・たとえる〉

「世も末ですねー」「芸能人みたい！」「今度、私も連れていってくださいよ」

※難易度が高いほど会話の完成度が高くなる

まとめ

自分が振った話に
相手が答えてくれたあとは……

1
相手の言葉を無視しない

2
いつも以上にしっかり話を受け止める

3
そこから話題を変えるならオーバーに受け止める（着地させる）

COLUMN 3

季節に応じた鉄板の話題

日本人ならではのイベントごと

日本に住んでいるなら毎年必ずやってくる年に一回のイベントごと。会話で困ったときは、これらから話題を選んでみましょう！

春 花見／卒業・入学／入社・配属／ゴールデンウィーク／イチゴ／タケノコ／カツオ、など

「おすすめの花見スポットは？」「新社会人って一目で分かりますよね」「ゴールデンウィークのご予定は？」

夏 夏休み・お盆休み／アウトドア／ボーナス／怪談／スイカ／枝豆／かき氷／ウナギ、など

「焼けてますね！　海ですか？　山ですか？」「お盆は帰省されるんですか？」「最近、怪談番組ってあまり見ませんね」

秋 食欲・読書の秋／紅葉／夕暮れ／月見／サンマ／マツタケ／クリ／柿、など

「食欲の秋ですねー」「もみじ狩りには行かれましたか？」
「秋の夕暮れって風情がありますよね」

冬 クリスマス／正月／バレンタイン／雪・ウィンタースポーツ／鍋／おでん、など

「クリスマスまでに彼女を見つけないと」
「正月太りは計算済みです」「チョコどうしようかな」

第4章

会話がはずむのはどっち!?
「伝え方」編

忘年会をどんなお店で開くのかで盛り上がっています。
すると幹事役からあなたの意見を求められました。どのように返事をしますか？

どっち!?

僕はイタリアンに一票かな！

年に一回だから迷うよねー。どうしよー

複数人で

会話が弾むのは、どっち？ ←

話が長い人ほど結論先行を意識しましょう

伝えるテクニック①

テンポ優先↓結論先行

話すことは苦手ではないのに会話が弾まない人に多いのが、「前置きが長くて結論を言わない人」。**会話を弾ませるなら「結論先行」と「情報の小出し」を心がけましょう。**

僕はイタリアンに一票かな!

大勢で会話が弾んでいるときほど、その場のテンポを優先し、各自が小気味よく発言することが求められます。もし結論が決まっていないならそれも結論。「もう少し考えさせて」でも「多数決とってみる?」でもいいわけです。

イタリアンにする理由を続けて話すかどうかはその場の雰囲気で判断しないといけません。ただ、その理由もダラダラ話すことだけは避けましょう。

✕ 年に一回だから迷うよねー。どうしよー

あなたの一存でお店が決まるわけではないので、あなたの思案の時間で会話を断ち切ることは好ましくありません。周囲の会話のテンポに合わせて発言しましょう。

次に情報を小出しに話す例を挙げておきます。

〈悪い例〉 A君「スノボ？　オレ、小学校4年まで北海道に住んでたから冬になると雪しかない生活で、小学校の体育の授業でもグランドは当然使えないでしょ。そうなるとスキーとか当たり前なんだよ。あ、他の学校はスノボもあるんだけどね。で、高校のときにすごいブーム来たでしょ。そのとき付き合ってた彼女がさ……」

〈改善例〉 A君「スノボ？　高校のとき少しやってたけど、最近はやってないな」

B君「あれ、そういえばAって北海道出身だよな」

A君「そうだよ。小学校4年までね」 B君「じゃあ学校でやるんじゃないの？」

A君「うちの学校だと、スキーだけ。他の学校ならスノボやるところもあるけど」

B君「学校によって違うんだ！　それは面白いね！」

まとめ

会話をテンポよく盛り上げたいなら……

1 結論を先に言う

2 簡潔に話す

3 情報は小出しにする

あなたは旅先で見た綺麗な夕陽について、友人に話そうとしています。
どう伝える方がいいでしょう？

どっち!?

どれだけ感動したかを伝える

何で感動したかを伝える

旅行のみやげ話

会話が弾むのは、どっち？

←

体験談を語るときは「絵を描く」ように

伝えるテクニック②
五感で感じたことを伝える

自分の体験談を相手に伝えるときは、絵を描くように説明してみましょう。

✕ どれだけ感動したかを伝える

「超すごい」「やばい」「半端じゃない」のオンパレードになりそうです。自分が感動したという事実は伝わっても、何で感動したのかは伝わりません。それでは聞き手が感動を追体験できないので、せっかくの体験談も魅力が半減します。

◎ 何で感動したかを伝える

目に映った光景、印象に残った音、匂い、感触、味など、五感で感じたことを丁寧に描写しつつ、そのときの心境なども伝えましょう。さらに臨場感を出すなら「ドキドキ」「ザーザー」「ゴロゴロ」といったオノマトペ（擬声語）を織り交ぜたり、直喩（「バケツをひっくり返したような雨」）などを使ってみるとさらに効果的です。

体験談に興味を持ってもらうための会話例をいくつか挙げておきます。

嫌な経験をした
↓
「その瞬間、全身の毛穴からドッと汗が噴き出てさ！」

美味しいものを食べた
↓
「外がカリッ、中がふわっとしていて、
キャベツの控えめな甘みがこれまた……」

痛い経験をした
↓
「脳に電気が走って、気付いたら地面でうなってってさ……」

美しい風景を見た
↓
「誰もいない砂浜に座って、
オレンジ色の光に全身を包まれながら水平線を見ると……」

まとめ

体験談を臨場感をもって伝えるには

1
「すごい」といったありふれた表現に頼らない

2
五感の描写＋心理描写

3
オノマトペ（擬声語）や直喩の活用

4
「感動した事実」ではなく「感動した内容」を伝える

インターネットで観た面白いプレゼンの動画について友人に教えたい。
どのような伝え方が望ましいでしょうか。

どっち!?

この前、TEDでいいの見つけたんだけど

この前、面白いプレゼン動画を観たんだけど

情報共有

会話が弾むのは、どっち？ ←

伝えるテクニック③

相手目線の言葉選び

相手の理解度に応じて会話を噛み砕きましょう

コミュニケーションのプロセスは「聴く→訊く→振る（伝える）」だと書きましたが、最後の「伝える」チカラを向上させるためには**「簡潔に」「印象深く」そして「分かりやすく」伝えること**を意識してみてください。

なかでも「分かりやすく」話すことは、相手の理解を促進するので相手も会話に興味を持ちやすくなり、当然、会話も弾みやすくなります。

✕ この前、TEDでいいの見つけたんだけど

TEDとは世界一有名なプレゼン動画の配信元です。しかし、そうかといって「相手も当然知っているだろう」という姿勢でネタ振りをするのは、配慮が欠けています。

自分の知識をひけらかすためにわざと難解な言葉を使う人は論外だとして、会話は相手の理解度に応じて噛み砕いたり丁寧に説明したりする工夫が必要です。

◎この前、面白いプレゼン動画を観たんだけど

相手が話題について知らない可能性があるなら、このように言葉を置き換えるか、せめて先に「プレゼン動画のＴＥＤって知ってる？」と確認すべきです。

会話が双方向のコミュニケーションである以上、相手目線に立って考え、発言することは基本中の基本。本書で何度も触れている「相手が関心なさそうなら話題を変える」「相手が話したいと思うことをネタ振りする」「相手が傷つきそうなことを言わない」といった心構えもすべて相手目線に立ったものです。ぜひ、今回のケースのように「相手が理解できるように言葉を選ぶ」という習慣も身につけてください。

相手の理解度に応じて分かりやすく話すための方法には、

■言葉の置き換え
■追加情報による補足
■たとえ話による補足

などがあります（具体例は次ページにて）。

何かを説明したあと相手が腑に落ちていない表情をしていたら、きっとそれはあなたが使う言葉が難解なのか、話自体が複雑なのか、または説明の仕方が論理だっていないのかのいずれかです。

相手が理解してくれないからといって「なんで分かってくれないんだ」と相手のせいにするのではなく、話を伝えられなかった自分のせいだと反省しましょう。

また、話を置き換えたり補足を入れたりしていくと、当然、話が長くなるケースも考えられます。そのときは結論を先に話して理解促進を図ると同時に、話の要所要所に「ひとことで言うと」や「ようは」といったまとめの言葉を使ってみてください。

まとめの言葉は相手の理解度を高めるだけではなく、自分の言いたいことを強調できるメリットもありますので、ぜひ口癖にしてみてください。

話の要約

「ひとことで言うと」＝（理解度）×（集中力）＋（強調）
→話の伝達率が劇的に向上する！

相手の理解度を促進する会話の例

言葉の置き換え

×「そろそろ俺もポートフォリオの見直しの時期かな」

◯「そろそろお金の使い道を考え直さないとな」

補足説明

×「ナパバレーのワインを飲んだのですが」

◯「カルフォルニアワインの代表格といわれるナパバレーのワインを飲んだのですが」

たとえ話による補足

×「アメリカのニュージャージーに住んでいました」

◯「〜。ニュージャージーはアメリカの千葉みたいなものなんです」

話をまとめる

×「明日は給料日の金曜で、しかも雑誌にも掲載されたんでしょ」

◯「〜。じゃあ、大行列でしょう」

まとめ

自分の話をすぐに理解してもらうためには……

1

相手の知識や思考力を見越して
話を噛み砕く

2

相手の表情や受け答えを見て
理解度を判断する

3

言葉の置き換え、追加情報や
たとえ話による補足をする

4

話の要約をする（「ひとことで言えば」）

引っ越しをすることになり、重たい家具を運んでくれそうな友人を探しています。
すると、いつもヒマをもて余している同級生を学食で発見。

どっち!?

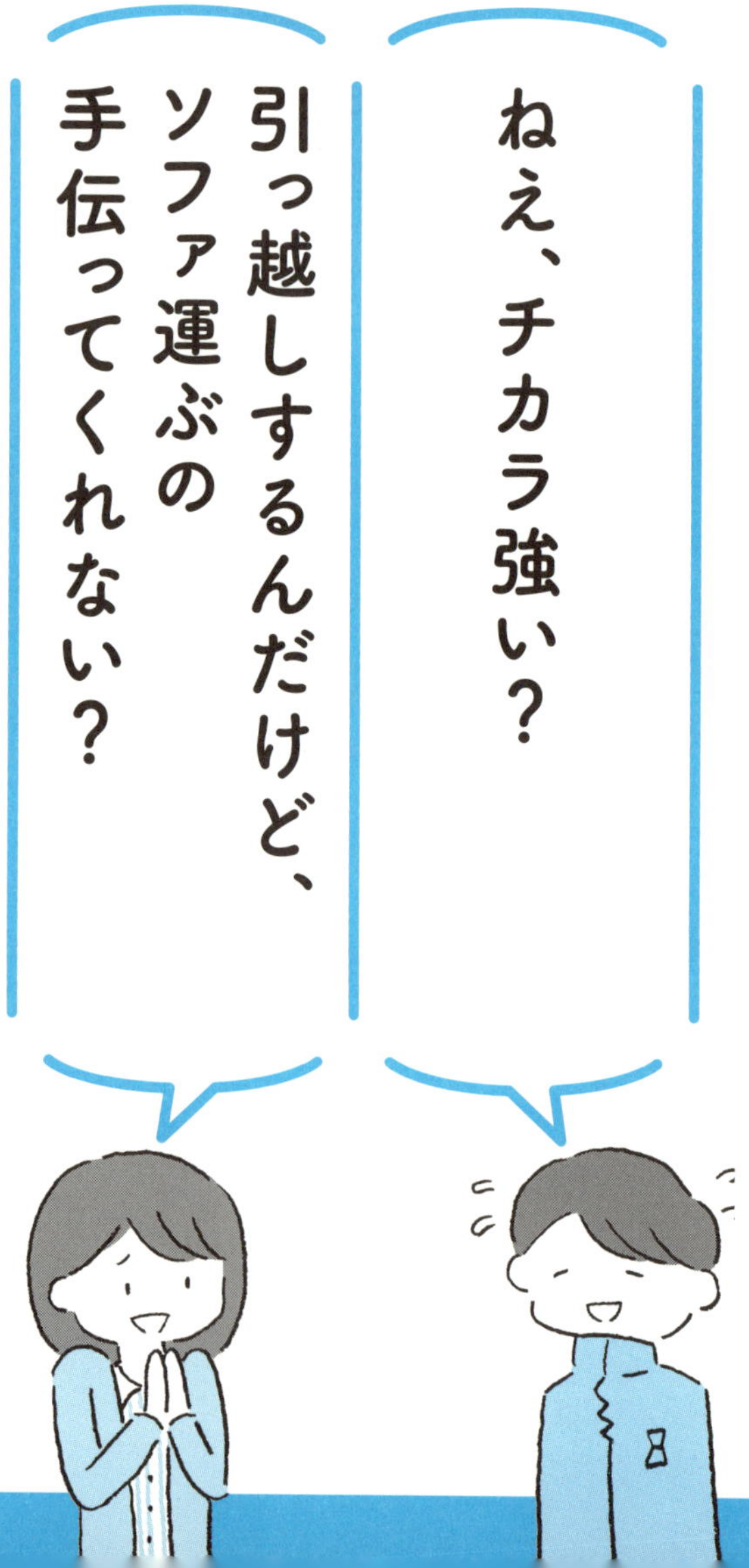
ねえ、チカラ強い？
引っ越しするんだけど、ソファ運ぶの手伝ってくれない？

お願いごとをしたい！

会話が弾むのは、どっち？

←

伝えるテクニック④
お願いをする意図の明示

ネタ振りするときにはお願いする意図を明確に

意図のない思い付きレベルの話題は敬遠されます。それと同じ理由で、振られた話の方向性が見えないと大半の人は予防線を張って最小限のことしかしゃべりません。話を振るときはその意図が伝わるようにしましょう。

✕ ねえ、チカラ強い？

力が強かったらどうなるのか、何を基準にした力なのか、このネタ振りだけではまったく分かりません。

◎ 引っ越しするんだけど、ソファ運ぶの手伝ってくれない？

このように、言いたいことがあるなら先にはっきり言いましょう。

話の先が見えれば相手も真剣に話を聞いてくれるようになり、会話も弾みやすくなります。会話を不安定にスタートさせてからどんでん返しをする演出もありますが、お願いごとをするときに使うものではありません。

方向性が見えないネタ振りで会話が進まない例はよく見受けられます。

いくつか例を挙げておきます。

●くじを代わりに引いてくれる人を探しているときに――

「ねえ、最近ついてることあった?」←何のこと?

●ネットで観たラクロスの動画が忘れられないときに――

「ラクロスの道具っていくらくらいするんですかね」←急だな

●新聞で読んだ安楽死の話題を語り合いたいときに――

「死ぬってなんだろう」←いきなりなぜ?

●思い付きでネタを振ってみた――

「リンカーンって、若いときからあのヒゲなのかね」←興味ないよ……

まとめ

相手を混乱させないネタ振りとは……

1
話の背景や意図をなるべく先に伝える

2
着地点を見せる

3
話題が飛躍する場合は、ワンクッション入れる面白いネタを仕入れたので、会社の同僚に話すことにしました。同僚は仕事をしている最中です。出だしの言葉として最適なのはどちらでしょう。

どっち!?

ここだけの話なんだけどさ……

すごく笑える話あるんだけど、聞く？

面白い話

会話が弾むのは、どっち？ ←

伝えるテクニック⑤
超強力な前フリ

相手の興味を惹きつけるパワフルな言葉を使う

いくら面白い話を持っていても相手が聞いてくれないと会話は弾みません。そのためには相手の興味を惹きつける強力な前フリをした方が効果的な場面がよくあります。

◎ここだけの話なんだけどさ……

「ここだけ」という内密性を演出することで相手を自分の会話のペースに引き込むことができます。このとき、普段とは違う声のトーンや表情にしてみたりすることで、さらに特別感を演出することができます。

この場合の特別感とは**「普通は聞けない話をしてくれるくらい私のことを信頼してくれているんだ」**という、人の承認欲求を刺激する心理的な作用です。経済学の世界では「希少性の原理（希少なものほど価値が高いとみなす）」、交渉術の世界では「ハード・トゥ・

ゲット・テクニック」と言います。その代表的なものが、「ここだけの話」という枕言葉です。

前フリで相手の心をつかんでから本題に入っていくパターンは、日常会話でもよく見られる手法です。とくに会話が得意な人ほど、つかみも上手です。

強力な前フリがとくに有効なのは、相手がほかのことをしているときです。スマホを触っている人、テレビを観ている人、仕事をしている人などにいきなり本題から話しかけても、手をとめて自分を見てくれるとは限りません。そんなときに「振り向いてもらう」ことができるのが前フリの威力です。

この強力な前フリ、あまりに効果があるので、多くの人は口グセのように使ってしまいます。**「正直な話」「早い話」「変な話」「はっきり言って」「逆に言うと」**などもそうですね。

しかし、前フリに見合うほど中身が伴っていないとオオカミ少年のように周囲から「またか」と思われてしまうので注意しましょう。乱用はせず、本当に自信のあるときにだけ使うようにしてください。

✕すごく笑える話あるんだけど、聞く？

話す気がマンマンの人から「聞く？」と言われて、「聞かない」とはなかなか言えないものです。それに「すごく笑える」という表現も主観の押しつけになりかねません（せめて「すごく笑った話」にしましょう）。

一見、興味深い前フリですが、押しつけがましい印象を与えてしまいます。

乱用注意！

希少性を演出した「前フリ」の影響力

「ここだけの話さ……」と前フリすれば——

信頼されている！
好意を持たれている！
自分は大切な存在なんだ！
↓
ちゃんと話を聞いてあげないと！

相手の関心を引く「使える」前フリ例

内密な話①

「まだ誰にも言ってないんだけどさ」

内密な話②

「お叱りを受けるのを承知で、一言申し上げてもよろしいですか？」

希少価値の高い話①

「とっておきの情報、仕入れたよ」

希少価値の高い話②

「この前、すごい人に出会ったんですよ」

まとめ

自分の話に興味を持ってもらうためには……

1

内緒話や希少価値の高い話を振る

2

相手の承認欲求や自己重要性を刺激する

3

「ここだけの話」は最高の枕言葉

夫婦で新車選びをしていますが意見が合いません。
人の話をあまり聞かない夫にどうにか自分の意見を伝えたい！

どっち!?

私が車に求める機能は3つだけなの

たまには私の話を聞いてよ！

夫婦間で 会話が弾むのは、どっち？ ←

話の全体図を見せることで相手の〝聞きたい感〟が高まる

伝えるテクニック⑥
要点カウントダウン法

企業研修ではイヤイヤ参加させられている人もいるので、私は重要な話をする場面では相手の集中度を上げる工夫をしています。そのマジックフレーズが「3」です。

◎私が車に求める機能は3つだけなの

話す内容がいくつあるのか先に述べると相手も聞く耳を持ってくれます。

今回の例では「機能は3つ」と切り出していますので、「ひとつめは……」と言った時点で、相手も「聞き逃すまい」と話を集中して聞く姿勢に入ってくれそうです（研修のときなどは、椅子にもたれかかってつまらなそうにしていた受講者が、突然ペンを握って前のめりになることもよくあります）。

この「3つ」という数字が効果的な数字で、これが「5つ」や「7つ」では効果が半減します（面倒くさい、長い、理解できなそうといった理由で）。

かの**スティーブ・ジョブズのプレゼンでも必ず要点は3つに絞り込まれている**ことで有名ですが、結局、人の脳が同時に処理できる情報量や、集中力が持続できる適量が3つくらいだからです。

話し手も要点を絞り込む必要が出てきますが、3つに絞ると決めてしまえば重要ではないことが見えてくるので、自分の考えを整理するのにも役立ちます。

相手を説得するときに限らず、長めの話をするときは話の全体図を先に提示して、いまどこにいるのかを相手に理解させることで会話が弾みやすくなります。ただし、全体図を提示するからといって**「話すと長いんだけどさ」という前フリはダメ**です。あくまでも簡潔に。

読書をするときもそうですよね。

電子書籍でページ数が書いていなかったらいったいあと何ページで終わるのか心配になって読書に集中できませんし、ページ数が書いてあったとしても3000ページと書かれていたら端《はな》から読む気力が失せます。

✕ たまには私の話を聞いてよ！

もともと人の話を聞かない旦那さんであれば、命令されることが大嫌いのはずです。

下手をすれば大ゲンカに発展しかねません。

怒りたくなる気持ちは分かりますが、人の話を聞かない人はロジックを中心に考える傾向があるので、感情はいったん抑えて、冷静にロジックで応戦していきましょう。

終わりが見えると人は集中できる！

（山頂まで3キロの看板。視界良好）→

（山頂まで300キロの看板。視界良好。ただし遠すぎて見えない）→

（山頂までの看板なし。濃霧で先が見えない）→

聞く耳を持たせるフレーズ

頼みごとをしたいとき

「お願いがひとつだけあるので聞いてください」

忙しい人を相手にするとき

「1分でいいのでお時間をいただけますでしょうか?」

授業に集中してほしいとき

「このページはテストに出すからよく聞いておくように」

旅行計画を話すとき

「行程は3泊4日ね。で、初日は〜」

まとめ

自分の会話に集中してもらうためには……

1 会話の全体図を先に見せる

2 残りわずかだということを伝える

3 ムダ話を削いで要点を話す

COLUMN 4

あがり症の特徴と対策

身体的な反応を抑え込むコツ

人前で話すときに心臓がバクバクして顔が赤くなり、手足が震えあがってしまうことは自然なことです。身体的な反応は簡単に抑えられるものではありません。

あがり症を克服する第一歩は「緊張しているな。よし、この緊張を楽しもう」と、身体的な反応と頭で下す判断を分けて考えること。「体が震えた→でも怖くはない→震えが止まる」という流れを作り出せます。

あがり症の人の会話によく見られる特徴とその対処法を以下に記しました。ここで記した特徴も、すべて自分の意志で矯正することができますので参考にしてください。

早口になる→「この場から逃げたい」と思う気持ちが原因。「逃げ出すような場ではない」と言い聞かせ、同時に**いつもよりゆっくり話す**ようにしてみる。

人の目を見ない→人の目線が怖いのが原因。でも、実は人を見ないと聞き手の反応が分からず、さらなる恐怖感を生む。**緊張をしたら逆に顔を上げる**クセをつける。

声が小さい→自信のなさが原因。逆に**声を大きくする**ことで自信が湧いてくる。

「えー」「あー」ばかり→「間」を埋めようとする焦りが原因。「間」は無理に埋めず、むしろ**ゆっくり丁寧に話すこと。**

第5章

会話がはずむのはどっち!?
「達人ワザ」編

意中の相手と食事中。お互いの愛犬の話で盛り上がりましたが、そろそろネタが尽きそうです。このような場面ではどちらのセリフがいいでしょう。

どっち!?

今度、ワンちゃん同士の顔合わせもしないとね（笑）

何かおかわりでも飲む？

デートにて

会話が弾むのは、どっち？

←

会話の達人ワザ①
達成感の演出

真の会話上手は「落としどころ」にこだわる

ネタ振り、展開、着地のうち、会話を弾ませる点では「ネタ振り」と「展開」が最重要項目になるわけですが、そこで会話が弾んだからといって安心してはいけません。落語や漫才に必ずオチがあるように、**気持ちの良い会話には良い着地が必要**なのです。

今回の場面では、緊張する席で会話が弾む話題が見つかったことはラッキーです。ただ、その終わり方がマズいと、せっかく積み上げた楽しい雰囲気が水の泡です。

◎今度、ワンちゃん同士の顔合わせもしないとね（笑）

話のまとめに入っていることを示唆しつつ、また会いたいという意思表示をやんわり兼ねている、上手な話の落とし方と言えるでしょう。とくに、**楽しい会話を落とすなら軽い笑いが起きるようなものが理想**です。

上手く会話を落とすことができると独特の余韻が生まれます。目に見えることで言えば、飲み物に手を伸ばしたり、姿勢を変えたりする瞬間ですね。**「ところでさ」といった話題を変える接続助詞を使って、別の話題に入っていきましょう。**

もちろん、着地ですのでタイミングも重要です。今回のように話が尽きそうなタイミングで着地させるだけではなく、**電車やタクシーの中での会話のように、降りる時間から逆算して着地させることもあれば、複数人での会話中に誰かがその話題に飽きはじめていることを察知したらまとめに入ることもあります。**

とくに複数人での会話になると、ネタ振りや会話の展開は目まぐるしく動くのでついていくだけで大変という人が多いと思いますが、面白い着地のさせ方ならじっくり考える時間があるので、失敗を恐れずトライしてみてください。

会話の着地の方法は、次のページにまとめてみました。

✕ 何かおかわりでも飲む？

話題が急に切り替わると、それまで弾んでいた会話が尻切れトンボで終わってしまいます。ましてやその新しい話題が急場しのぎのネタ振りだと気付かれてしまうと、楽しい雰囲気も台無しになる恐れがあります。

●会話の着地方法

〈話を総括するようなコメント〉

「まるで映画のような話だったね」

「この話、面白すぎるからツイートしていい？」

〈未来につながるコメント〉

「楽しみだね」

「また後日談、聞かせてくださいね」

〈ネタ振りに戻るようなコメント〉

「ね！　絶対に怖いって言ったでしょ」「何度も言うけど内緒だからね」

会話をスムーズに着地させる例

仕事の話題

「刺激になりますね。私もがんばらないと」

恋愛の話題

「なんだかんだ言って、みんな面食いだよね（笑）」

悩みの話題

「私にできることがあったら、いつでも言ってね」

明るい話題

「いやー。このメンツが揃ったときの安定感たるや」

暗い話題

「と、しんみりムードはここまで！　パーッと飲みましょうか！」

まとめ

「落とし上手」になるためには……

1
クロージング（まとめ）に入るタイミングを見計らう

2
話をひとことで要約できないか考えてみる

3
できれば軽い笑いを入れる

商談先に出向きましたが、あいにくの土砂降り。
雨について話題にできると思いましたが、どちらの表現が好ましいでしょう？

どっち!?

下着まで濡れて
不快指数マックスです

気持ちも洗い流して
くれる爽快な雨です

雨の日に

会話が弾むのは、どっち？
←

会話の達人ワザ②
「暗↓明」変換

マイナス表現をプラスに転換 それだけで会話はグンと弾む

言葉は事実を伝えるだけではなく、話し手の感情も同時に伝えるものです。話し手にその意図がなくても、何気なく使ってしまうマイナス表現は聞き手にマイナスの感情を伝えることになります。

✕ 下着まで濡れて不快指数マックスです

自虐ネタで笑いをとろうとする狙いは見えますが、聞き手まで不快な気分になってしまうような強い表現は好ましくありません。

◎ 気持ちも洗い流してくれる爽快な雨です

マイナスの存在と思いがちな雨をプラスに転換しています。このようなポジティブな姿勢は聞き手の気持ちを軽やかにして、良好な人間関係を構築しやすくなり、その後の会話の弾み方にも影響を与えます。

次にマイナスをプラスに転換している会話例を挙げておきます。

納期が近づいているとき

×「あと3日しかないね……」→ ○**「まだ3日もあるね！」**

自分と異なる意見が出たとき

×「そうは思わないな……」→ ○**「そういう考え方もあるんだね！」**

可能性が低くなっているとき

×「もうダメだね……」→ ○**「まだ分からないね！」**

短所・長所を指摘するとき

×「あの人、いつも勝手に決めるよね」→ ○**「あの人、リーダーシップあるよね」**

まとめ

会話の「空気を明るく」するためには……

1 思ったことをそのまま言わない

2 ポジティブシンキングを試みる

3 短所を長所だと考える

4 やる気や笑顔が自然と出てくるような言葉を選ぶ

同窓会で、昔からおしゃべりなA君が自分が経営する会社の自慢話を続けています。
周囲の空気もだんだん重くなってきました。この流れをどうやって変えますか？

どっち!?

A君、さすがだね!!
ところでB君は
何してるんだっけ？

あいかわらず
おしゃべりだね（笑）

話が長い人と
会話が弾むのは、どっち？

←

相手を褒めることで生まれる一瞬のスキを狙って主導権を奪取

会話の達人ワザ③
イエス・バット法

長話を一方的に聞かされるのでは会話が弾んでいるとは言えません。そうかと言って話を強引にさえぎると相手に失礼です。

そこで有効なのが「イエス・バット法」。本来は、相手の意見を一部認めてから反論する交渉術として確立しましたが、普段の会話でも多用できます。

◎ A君、さすがだね!! ところでB君は何してるんだっけ？

「さすがだね!!」の部分は、ただの相づちだと思われないように、少し声を大きくして、オーバー気味に褒めることがポイント。すると相手は会話を止めて「おう……まあね」と内心ニヤけるでしょう。そのスキをついて話の主導権を奪取します。

×相変わらずおしゃべりだね（笑）

本書では相手を傷つける発言は一切、奨励しません。その代わり、相手を傷つけずに長話をやめてもらえるフレーズを次に挙げておきます。

同じことを何回も話す人に対して

「あー!! この前もそう仰ってましたよね！」

説法が止まらない人に対して

「さすが部長！ さっそく私どもの部署でも検討してみます」

説明が長い人に対して

「なるほど！ では一度トライするので、分からなかったら質問します！」

愚痴が止まらない人に対して

「大変なご苦労をされているんですね!! ところで……」

まとめ

「イエス・バット法」の達人になるためには……

1
話を止めるとき、ただの相づちと差別化するためにオーバーに発言する

2
相手を瞬間的にヨイショする

3
相手がニヤけたスキに会話の主導権を握る

はじめて行ったバーで出会った人と、思いのほか盛り上がりました。
帰り際のひとことにふさわしいのはどちらでしょう。

どっち!?

あ、もうこんな時間だ！
ではまた！

楽しい時間をありがとう
ございました！

去り際に

会話が弾むのは、どっち？ ←

会話の達人ワザ④

会話の終え方

会話を楽しんだあとは余韻を残して去りましょう

初対面で会話が弾んだ人とは、せっかく詰めた距離感を次回以降もぜひ維持したいですよね。そのためには、一緒に過ごした楽しい時間の「余韻」を残すような会話の終え方を心がけてください。「また会いたい」と思ってもらえるひとことを添えましょう。

✕ あ、もうこんな時間だ！ではまた！

終わり方が一方的で事務的だと、「ではまた」という言葉も社交辞令にしか聞こえず、よそよそしい印象を与えかねません。「実は楽しくなかったのかな」と思われてしまったらあまりに損です。

◎楽しい時間をありがとうございました！

余韻を残す方法は2つ。有意義な時間を過ごせたことを総括するひとことを添えるか、関係性の持続を示唆する具体的な話をすることです。

会話の「画竜点睛《がりょうてんせい》」は別れ際にあります。次に挙げる例も参考にしてみてください。

また会いたいと思わせる別れ際のひとこと

密度の濃い商談を終えて

「御社とは長い付き合いになりそうな予感がしますね」

あまりお互いのことを知らなかった知人と意気投合して

「いやー、こんなに面白い人だと知らなかったよ！」

知り合いのおすすめの店でごちそうになって

「今度は私の行きつけのお店に招待するね！」

まとめ

弾んだ会話を「正しく」締めるには……

1
会話を突然終わらせない

2
いかに会話が楽しかったかの総括をする

3
また会いたいということを具体的に提示する

おわりに

会話上手になりたいという意志があり、さらに本書でテクニックやコツを習得していただいたわけですから、あとは実践にうつすだけです。

それでもまだ自信が持てない方は、次のことを意識してみてください。

「会話が弾まないことがあって当然」
「雑談はしょせん雑談。完璧さも成果もいらない」
「会話が下手でも相手への思いやりがあれば周りは気にしない」

逆説的ですが、会話に対する恐怖心や苦手意識を克服するには「会話は怖いものではない」という意識を持つことが重要です。

もっと気軽に、もっと積極的に、会話を楽しんでください。そうすることでさらに会話が上手くなり、そしてなにより、会話の魅力に気付きます。

私の知り合いで寡黙な30代の男性がいました。人と話すことが少ない職人系の仕事を選び、近所づきあいは皆無。一人暮らしなので休日はひとことも話さない日もザラ。

そんな彼が、数少ない友人に連れられてとあるバーに行ったそうです。最初は常連さんたちの盛り上がりようを「おしゃべりなやつらだな」と冷めた目で見ていたようですが、その常連さんたちから次々と話を振られるので、いつの間にか意気投合。そこからバー通いが日課になったそうです。

その彼が私に言った言葉を今でも覚えています。

「会話って、自分の意思を伝えるときだけすればいいものだと思っていたんですよ。でも、実は色んな人の話を聞いたり、お互いの感情をぶつけあったりすることに面白さがあるんですね。バーに通っているのも、その刺激を求めているからです。あ、あとおかげさまで彼女もできました（笑）」

会話とは他人と親交を深めて良好な人間関係を構築するためのツールです。この男性はその事実にようやく気付いたようです。

よく見かけるご近所さんがいれば、「よくお会いしますね！」と声をかけてみてください。友人の会話に入っていけないなら、明るい表情を意識して少しオーバーに相づちをうってみてください。変わる意志がある今だからこそ、行動を変えるチャンスです。

「分かればできる。できれば変わる！」

人の成長は、行動によってしか遂げられないのですから。

櫻井弘

ブックデザイン　小口翔平＋平山みな美（tobufune）
構成　郷和貴
イラスト　高旗将雄／SUGAR
校正　玄冬書林
編集　内田克弥（ワニブックス）

会話が弾むのは、どっち!?
今すぐ身につく、使えるテクニック33

著　者　櫻井弘

2015年6月10日　初版発行

発行者　横内正昭
編集人　青柳有紀
発行所　株式会社ワニブックス
〒150-8482
東京都渋谷区恵比寿4-4-9　えびす大黒ビル
電話　03-5449-2711（代表）　03-5449-2716（編集部）
ワニブックスHP　http://www.wani.co.jp/

印刷所　凸版印刷株式会社
DTP　株式会社三協美術
製本所　ナショナル製本

ISBN 978-4-8470-9355-5